2 1 번

어른친구

멘토링

따라만 하면 평생 친구 되는 멘토링 워크북

21번 어른친구 멘토링

초판 1쇄 발행 2024년 8월 6일

지은이 박현홍

펴낸곳 컨텐츠조우 펴낸이 최재용
전화 02)310-9775 팩스 02)310-9772 전자우편 jowoocnc@gmail.com
주소 경상북도 김천시 어모면 산업단지 4로 113-5
출판등록 2018년 3월 29일 제 25100-2018-000025호

© PARK HYUN HONG 2024, Printed in Korea
ISBN 979-11-91173-08-6 13330

따라만 하면 평생 친구 되는 멘토링 워크북

21번 어른친구 멘토링

박현홍 지음

컨텐츠조우

박현홍

지방 소도시 목회자의 자녀로 태어나 공부도 잘하고 신앙생활도 열심히 하는 듬직한 아들로 자라났다. 대학을 졸업하고 대기업에 취업하였지만 경제 원리만이 지상목표인 영리 기업 문화에 회의를 느껴 다른 길을 찾아 나선다. 굿네이버스에 입사하여 중앙아동보호전문기관, 해외사업팀, 대북사업팀 등에서 일 많은 팀들의 팀장을 두루 거치며 국내, 해외, 북한을 종횡무진하다 고양시 아동보호전문기관 관장을 끝으로 굿네이버스에서 퇴사하였다.

2007년 러빙핸즈를 설립하고 20년 가까이 멘토링이라는 한 길을 걷고 있다. 그러는 동안 러빙핸즈는 지속성과 효과성에서 독보적인 멘토링 기관이 되었으며, 대한민국나눔대상에서 대통령상, 보건복지부장관상 등을 여러 차례 받는 단골 수상 기관이 되어 역량을 인정받고 있다.

그가 가장 중요하게 생각하는 것이 두 가지가 있는데 하나는 청소년에게 문제가 생기기 전에 미리 예방하는 사업을 해야 한다는 것이고, 또 다른 하나는 NGO의 가치는 기관의 모든 것이 후원자들에게 투명하게 공개되어 동의를 얻는 데 있다는 것이다. 이 두 가지를 위해 밤낮없이, 주말도 없이 같은 생각을 가진 사람들을 찾아 만나며 협력과 시너지를 만들어 내고 있다.

러빙핸즈는~

어른친구 멘토링을 통해 한 명의 청소년을 성인이 될 때까지 함께 하는 전문사회복지 NGO로 2007년 설립되었다. 멘토양성과정을 통해 멘토를 준비시키고 초등학교 3학년부터 중학교 3학년까지 의 청소년과 매칭하여 고등학교 졸업 시까지(재수를 할 경우 1년 연장 가능) 곁을 지켜준다. 청소년들을 위한 대안 공간인 초록리 본도서관을 통해 청소년들에게 다양한 문화적인 혜택도 제공하고 있다. 대구, 광주, 원주, 인천, 화성 등에 지부를 설립하고 더 많은 청소년들에게 어른친구가 되어주려 노력하고 있다.

서울특별시 마포구 동교로 143(서교동 461-25) 302호
후원계좌 : 국민 822401-04-040490
대표전화 : 02)3144-2004 | 후원회원전용전화 : 070-8730-8180
FAX : 02)3144-2224 | 이메일 : lovinghands@lovinghands.or.kr

러빙핸즈의 시작은 어려운 가정의 아동·청소년 한 명에게 '한 명의 어른을 연결해서 그 아이가 고등학교 졸업할 때까지 견뎌주는 것'이었습니다. 그런데 18년 차 일대일 정서지원 러빙핸즈멘토링을 진행해 보니 멘티를 돕고자 봉사활동을 시작한 멘토선생님들이 어느 순간부터 이것은 멘티를 일방적으로 돕는 일이 아니라 멘토자신들도 또한 도움을 받는 일이라는 것을 얘기하기 시작했습니다. 그래서 2023년부터 '멘티를 돕는다'가 아닌 '멘티의 좋은 동네친구, 어른친구가 된다'로 러빙핸즈멘토링을 정의하는 데까지 이르렀습니다.

언제나 내편인 친구가 간절한 청소년시기에 한 명의 어른친구가 되어주는 러빙핸즈멘토링은 최단 4년에서 최장 11년 동안 진행되는 장기멘토링입니다. 환경이 다른 청소년과 어른이 몇 년을 지속적으로 만나기는 쉽지가 않았습니다. 수많은 멘토와 멘티의 만남들을 지켜보며 그 속에 성공적인 만남을 위한 마법 같은 횟수인 21번 만남의 원칙을 발견하게 되었습니다.

누구나 서로 친해지면 만남을 가지는 데 있어서 긴장이 사라지고 심지어는 서로 어떤 대화를 하지 않더라고 편한 사이가 됩니다. 멘토링이 공식적인 만남이지만 우선은 서로 친밀감을 느껴야만 대화를 하든 공통의 취미생활을 하든 의미 있는 관계로 발전할 수 있습니다. 그래서 21번의 만남은 최대한 빨리 이루어지는 것이 좋습니다. 충분히 시간이 많지 않은 경우에는 편의점에서 만나 1+1 아이스크림을 하나씩 먹으면서 근황을 물어도 되고 멘토선생님이 퇴근하는 길에 잠시 멘티가정을 들러서 붕어빵이나 귤 같은 간식을 선물하는 짧은 만남도 추천합니다. 중간고사기간 또는 기말시험 기간엔 멘티가 워낙 바빠할 수 있으니 이런 때에 독서실이나 학원 앞에서 간단한 간식봉지를 전달해도 됩니다.

그동안 21번의 만남은 마법지팡이처럼 놀라운 경험을 러빙핸즈 멘토선생님들과 멘티들에게 선물했습니다. 바로 그 경험이 이 워크북에 고스란히 담겼습니다. 이 책이 제시하는 21번 만남을 그대로 따라오셔도 되고, 참고만 하거나 조금 변형해서 적용해도 됩니다. 21번의 지속적인 만남을 이어나가면 거의 모든 경우 두 사람이 아주 친해집니다. 21번의 만남을 안내하는 가이드가 바로 이 워크북입니다.

멘토의 시초가 된 오디세우스의 친구는 오디세우스의 아들 텔레마코스에게 친구, 교사, 상담자, 때로는 아버지가 되어주었다고 합니다. 어쩌다 보니 러빙핸즈 멘토링은 멘토링의 어원에 가장 가까운 멘토링, 가장 긴 시간 동안 지속되는 멘토링이 되었습니다. 이러한 러빙핸즈 멘토링의 경험이 어떻게 멘토링을 시작하고 즐겁게 지속할 수 있을까 고민하는 많은 분들께 도움이 되면 좋겠습니다. 감사합니다.

2024년 7월 러빙핸즈 초록리본도서관에서 박현홍 드림

21번 어른친구 멘토링은 러빙핸즈의 장기 멘토링에서 첫 단계인 스물한 번의 멘토-멘티 만남을 인도하는 실질적인 가이드북입니다. 멘토링이 무엇인가, 멘토의 자질은 어떻게 기를 것인가 하는 멘토링 훈련도 아주 중요하지만, 멘티를 만나면 무엇을 하지? 어떻게 하지?와 같은 실질적인 콘텐츠와 테크닉을 세세히 코칭해 주는 귀중한 책입니다. 좋은 멘토가 되고자 하는 마음이 넘쳐도 담아낼 그릇이 없으면 현실에서 무력하지 않을까 걱정이 될 때, 이 책은 아주 훌륭한 길잡이가 되어주리라 믿습니다.

조이스 박 강사
러빙핸즈이사
[숲은 깊고 아름다운데], [조이스 박의 챗GPT영어공부법] 저자

《《《》》》

엠마오로 가는 두 제자와 동행하던 예수님 생각이 난다. 그토록 자주 당신의 죽음과 부활을 예고하셨건만 도통 믿지 못하는 제자들과 길을 걸으며 그들의 눈높이에 맞추어 차근차근 설명하시고 함께 밥 먹던 우리 주님 말이다. 막상 주님처럼 고통받는 이웃과 약자와 동행하고 싶지만 구체적인 방법을 몰라서 용기를 내지 못하던 이들에게 구체적이고 실제적인 지침을 알려주는 이 책은 당신을 엠마오 길을 걷게 하고, 위기 청소년이 가던 길을 돌이키는 동행자가 되게 할 것이다.

김기현 교수
한국침례신학대학교 종교철학과윤리 교수, 로고스교회 담임목사
[고난은 사랑을 남기고] 저자

어린 멘티와의 만남은 멘토 선생님의 인생에서도 큰 이벤트입니다. 새로운 사람을 알아가는 것처럼 설레는 일은 없습니다. 만나서 어떤 추억을 만들어 가야 하는지 고민이 되는 것이 사실입니다. 하지만 그런 고민도 잠시 러빙핸즈 대표님께서 만들어 주신 멘토링 워크북이 우리의 만남을 풍성하게 만들어 줍니다. 21번의 만남을 계속 이어갈 수 있도록 만남의 미션을 안내해 줍니다. 만나서 무엇을 할지 고민하기보다는 멘토링 워크북 순서에 따라 서로를 하나씩 알아가면 좋습니다. 연애하는 감정으로 밥토링도 하고 영화도 보고 산책도 하면서 워크북의 미션을 이어가다 보면 어느새 우리는 하나가 되어있습니다. 어색함은 이제 친숙함을 넘어 가족 같은 관계로 발전하는 것을 경험하게 됩니다. 따뜻하게 손잡아 주는 것이 시작이었는데 어느새 우리는 진심을 담은 포옹을 하고 있습니다. 힘든 삶이라고 느껴지는 현실에서 따뜻한 사랑을 느끼게 해주는 러빙핸즈의 멘토링은 멘티, 멘토 모두에게 희망의 빛이며 삶의 이정표입니다.

강경희 작가
[훈장님은 핵인싸] 저자

《《《》》》

"러빙핸즈 멘토링은 밥토링이다!" 멘토와 멘티는 같이 밥 먹고 동네를 한 바퀴 돌고 소소한 게임을 하며 논다. 떠들고 웃고 걷고 떡볶이를 먹고 그냥 논다. 그렇게 스물한 번을 만나면 아이들 마음에 햇볕이 든다. 아이가 달라졌다며 주변 사람들이 놀란다.

놀 사람이 없어 아이는 심통이 난 거다. 충분히 놀고 난 아이는 제 할 일을 한다. 어른이라고 다를까. 지쳐 맥이 풀리고 세상 까칠한 어른도 마음이 맞는 친구와 어울려 놀고 나면 언제 그랬냐는 듯 활기가 돈다.

세상 모든 사람이 일대일 친구가 되는 박현홍 대표의 꿈은 이제 나의 비전이기도 하다. 아이와 어른, 아이와 아이, 어른과 어른, 인종과 성별을 넘어서 일대일 친구가 되는 세상은 아마도 성서가 말하는 희년일 것이다.

나는 우리 아이들이 그런 희년 세상에서 살아가길 바란다. 부디 이 바람이 속히 이루어져 칼을 쳐서 보습을 만들고 사자와 어린양이 함께 뛰어노는 전쟁 없는 생명과 평화의 세상이 이 땅에 임하길 바라고 또 바란다. 그때가 되면 노벨평화상은 분명 러빙핸즈의 몫이리라!

최현락 코치
퍼실리테이터, eSports T1 멘탈코칭

《《《》》》

멘토링 좀 해본 사람이라면 멘토링의 매력과 어려움을 아시겠죠? 매력은 바로 멘티와의 즐거운 추억을 쌓고 멘티가 멋지게 성장하는 모습을 가까이에서 지켜보고 지지해 주는 데서 오는 것일 겁니다. 그런데 그게 쉽지가 않아서 어려움이 있습니다. "멘티와 어디서 무얼 하며 시간을 보내지?", "이왕이면 즐거우면서도 교육적인 활동을 하고 싶은데 그런 게 뭘까?" 이런 질문이 생길 수밖에 없는데요, 바로 그럴 때 도움이 되는 워크북입니다. '따라만 하면 평생 친구 되는' 워크북입니다. 멘티와 함께 펼쳐보고 골라서 하셔도 됩니다. 21번의 기적! 함께 걸어보아요~

박경현 소장
샘교육복지연구소장
전 한국사회복지협의회 멘토링사업 운영위원

«««»»»

멘토링은 만남과 섬김의 문화적 분류의 하나일 뿐 그 본질은 언제나 우정에 있다. 하지만 이론이 앞설 자리가 없고, 오직 경험으로만 이해될 수 있기에 지식과 나이를 불문하고 모두가 어려워하는 영역이기도 하다. 그래서 이 군더더기 없이 실제적이고 실천적인 워크북은 짧은 시간에 멘토링이라는 놀라운 세계에 발을 들여놓게 할 더할 나위 없이 좋은 길라잡이가 될 것이다.

최규창 대표
모두를위한기독교영화제 이사장
호성로고스 대표, 러빙핸즈 이사

«««»»»

러빙핸즈 멘토링을 시작하면서 저에게 '21'은 제게 마법 같은 숫자가 되었습니다. 누군가와 친밀해지는 시간의 거리를 알아낸다는 것은 깊고 오랜 배움의 경험이 아니면 불가능한 일입니다. 그 '21'이라는 시간 속에 담긴 또 다른 만남의 길들을 담아낸 이 책은, 멘토링뿐만 아니라 다른 다양한 만남 속에서도 빛을 발하는 신비의

등불이 될 거라 믿어 의심치 않습니다.

전영훈 목사
새숨교회 목사, 싱어송 라이터

《《《》》》

'따라만 하면 평생 친구 되는 멘토링 워크북'은 러빙핸즈에서 운영하는 멘토링 과정을 담은 책입니다. 멘토링 과정을 보면서 체계적이고 구체적인 방법에 놀랐습니다. 이 방법으로 9살 딸아이와 프로그램을 만들면 좋겠다는 생각이 듭니다.

안상현 소장
자기투자연구소 소장
[소심한 중년은 안전한 투자에 끌린다] 저자

순
서

회차	월/일(요일)	활동	쓸 수 있는 돈 / 실제 쓴 돈
1	/ ( )		/
2	/ ( )		/
3	/ ( )		/
4	/ ( )		/
5	/ ( )		/
6	/ ( )		/
7	/ ( )		/
8	/ ( )		/
9	/ ( )		/
10	/ ( )		/
11	/ ( )		/
12	/ ( )		/
13	/ ( )		/
14	/ ( )		/
15	/ ( )		/
16	/ ( )		/
17	/ ( )		/
18	/ ( )		/
19	/ ( )		/
20	/ ( )		/
21	/ ( )		/

나의 21회차 멘토링

PART.1

서로를 알아가는 정서적 만남

21번 어른친구 멘토링

1.20문 20답

_____년 ____월 ____일 (   )요일 / _____번째 만남 (매칭 후_____일째)

1. 나의 별명 _____

2. 내가 즐겨하는 취미 _____

3. 특별히 잘하는 것   _____

4. 강점 _____

5. 약점 _____

6. 좋아하는 음악 _____

7. 좋아하는 가수   _____

8. 좋아하는 음식   _____

9. 좋아하는 영화   _____

10. 절대로 다시 먹기 싫은 음식 _____

11. 가장 기뻤던 일 _____

12. 가장 슬펐던 일   _____

13. 단짝 친구 이름 _____

14. 지금의 내가 꿈꾸는 바 _____

15. 요즘 가장 큰 고민 _____

16. 10년 뒤 내 모습은? _____

17. 내 기준 친한 친구는 몇 명 _____

18. 고민이 있을 때 나누는 사람은? _____

19. 러빙핸즈에 기대하는 바 _____

20. 멘토&멘티에게 기대하는 바 _____

우리의 check point (놓치지 않고 싶은 한 가지!)

오늘은

앞으로는

나와 너를 알자

20개 질문에 대한 답글 달기를 통해서 멘토와 멘티 서로에 대해 알아가는 시간을 가집니다. 좋아하는 것이 무엇인지 취미가 무엇인지? 알아가는 것도 즐거운 일이 될 것입니다. 사람들은 어떤 식으로든 자신을 표현하고 싶어 하고 누군가 자신에게 관심 가져 주는 것을 좋아합니다. 20문 20답을 진행하면서 '아, 그렇구나! 너의 이런 면을 알게 되어서 정말 기쁘구나!' 하는 마음을 표현해 주시면 좋습니다. 하지만 처음 만난 시기에 멘토가 너무 적극적이면 멘티의 성향에 따라 조금 불편해할 수도 있으니 약간의 멘트에 표정과 몸동작으로 표현해 주시면 더 좋습니다. 특히 러빙핸즈 멘토링은 '밥토링'이라고 할 만큼 밥 먹는 시간을 중요하게 생각합니다. 처음부터 서로의 좋아하는 음식과 싫어하는 음식을 아는 것은 이후 멘토링을 진행하는데 매우 중요한 정보가 되어 왔습니다.

20문 20답은 특별한 준비 없이 정해진 활동지와 필기구만 가지고도 진행할 수 있습니다. 앞으로 필기구를 사용할 일이 많으니 밖에서 만났다면 문구점이나 일상용품 할인점에서 필기구를 하나씩 사서 나눠가지거나 예쁜 색의 용지에 활동지를 출력해 가는 것도 앞으로의 만남을 기대케 하는 작은 요소가 될 수 있습니다.

20문 20답을 할 때는 아직 서먹할 경우가 많으니 답변을 성실하게 쓰고 대답을 재깍재깍하도록 강요하지 않는 것이 좋습니다. 서로 알아가는 것이 활동의 목적이나 그렇다고 너무 많은 것을 알기 위해 욕심을 부려서는 안됩니다. 그리고 멘토가 먼저 자신을 오픈할 수 있도록 해야 합니다. 느긋한 마음으로 내 이야기를 풀어간다면 멘티도 조금씩 자신의 이야기를 많이 풀어 줄 것입니다.

꼭 멘토링 초반에만 20문 20답을 해야 하는 것은 아닙니다. 어느 정도 시간이 쌓인 이후에 한번 더 해보는 것도 좋습니다. 물론 20가지 질문은 좀 더 심화되어야 할 것입니다. 내용이 깊이 들어간다면 10문 10답이나 5문 5답도 괜찮겠지요. 평소에는 그저 일상의 주제로 이야기할 때가 많은데 00문 00답으로 일상에서 벗어나서 다르게 생각해 볼 수 있는 질문을 해본다면 서로를 더 깊이 알아가는 데 도움이 될 수 있을 듯합니다. 온라인에서 구할 수 있는 무료 성격 테스트나 에니어그램 카페 등에 방문해서 상담받고 결과지로 함께 이야기해 보는 멘토 선생님들도 있었습니다. 그런 시간을 통하면 서로 공통점과 새로운 점을 발견해서 더 친밀해집니다. 요즘은 MBTI를 많이 하기 때문에 자연스럽게 그쪽으로 이야기가 흘러갈 것이기 때문에 MBTI가 익숙하지 않으신 분들은 인터넷을 찾아보시거나 담당 활동가에게 도움을 요청하셔도 됩니다. (MBTI 열풍이 분 것은 최근 몇 년이지만 복지 상담 분야에서는 수십 년 동안 사용해온 툴입니다.) 이러한 활동들을 통해 본인에 대해 더 잘 알고 싶어 적극적으로 참여하는 멘티의 모습을 보실 수 있을 겁니다.

<MBTI 무료검사>

2.동네 지도 그리기

_____년 ___월____일 (   )요일 / _____번째 만남 (매칭 후_____일째)

step 1. 생각나는 대로 그려보기

step 2. 지도 검색해서 확인하고 고쳐보기

step 3. 매일 다니는 길 표시하기

step 4. 자주 가는 곳 표시하기

step 5. 가보고 싶은 곳, 새로 생긴 핫플 표시하기

step 6. 도움이 될만한 곳, 알아두어야 할 곳들 표시하기

step 7. 있었으면 하는 곳 원하는 위치 표시하기

우리의 check point (놓치지 않고 싶은 한 가지!)

우리 동네

이곳에서 잘 놀아 봅시다

멘티와 함께 멘티의 집, 학교, 학원, 지역아동센터 그리고 주로 가는 분식집 등에 대해서 지도를 그려봅니다. 동네는 우리가 멘티를 무탈하게 보호하고 성장시키는데 가장 중요한 자원들이 모여있는 공간입니다. 이 활동을 할 때만큼은 멘토도 전문 '사례관리자'의 마인드로 멘티를 위한 자원들 찾아내는 일에 집중해 주시고 새롭게 알게 된 사실이 있다면 담당 사회복지사에게 내용들을 공유해 주시기 바랍니다. 또한 이 활동을 통해서 멘티의 주중 또는 주말 일정에 대해서 자세히 파악하는 계기가 됩니다. 멘토 선생님이 활동 공간과 겹친다면 그것을 확인하는 것도 즐거운 일이 될 것입니다. 예를 들어 멘토 선생님이 중학교 또는 고등학교 선배인 경우에는 더 대화할 거리가 많이 생기는 것 같습니다.

멘토 선생님들이 멘티와 '함께 뭘 그린다'는 생각은 해본 적이 없을 것입니다. 이것이 일반적인 그림이나 카툰 같은 것이 아니기 때문에 그렇습니다. 막연하면 막연한 대로 아무런 준비나 자료 없이 하얀 도화지 위에 생각 속 우리 동네를 그려 봅니다. 멘티와 멘토의 생각이 다를 수도 있습니다. 하지만 일단 가감 없이 동네를 그립니다. 그리고 나서 지도 앱을 켜서 실제 모양과 비슷하게 보정을 합니다. 생각했던 것보다 실제 거리가 길 수도 있고 짧을 수도 있습니다. 심리적 거리가 반영되었기 때문입니다. 지도로 쓰려고 그리는 것이 아니기 때문에 오류 하나 없도록 수정할 필요는 없습니다.

그리고 이제 그 동네에서 멘티가 어떻게 움직이고 있는지 그려봅니다. 매일 다니는 길, 자주 다니는 동선을 그려보고 그 길에 어떤 것들이 있고 그 길을 걸을 때 어떤 느낌인지 이야기해 봅니다. 새로 생긴 핫플이나 예전부터 가보고 싶었는데 기회가 없어 못 가본 곳들을 표시합니다. 이런 이야기들을 통해서 멘티의 속마음을 엿볼 수 있는 기회도 생기고 다음 멘토링의 활동거리들을 찾을 수도 있습니다.

지도를 통한 멘티의 동네 이야기가 끝나면 청소년들이 알아두면 좋을 만한 청소년 센터, 상담 센터, 관공서 등의 위치를 검색해서 표시해 줍니다. "우리 동네에 이게 왜 없을까, 생각했던 데가 있어?" 하고 물어보고 검색도 한번 해 보고 필요한데 없는 것들은 한쪽 옆에 리스트를 만들어 줍니다.

멘토 선생님들은 동네 지도를 함께 그리다 보면 맛집, 산책로, 함께 갈 수 있는 곳들을 찾아볼 수 있어서 좋다고들 하십니다. 완성된 지도는 사진을 찍어두고 동네 산책을 할 때 찾아보면서 이때 나눴던 이야기들을 되짚어 보는 것도 얘깃거리로 좋습니다.

3.버킷리스트 작성하기

_____년 ___월___일 (   )요일 / _____번째 만남 (매칭 후_____일째)

〈내 인생 버킷리스트〉

떠오른 순서	내용	설명	실행 순위
1			
2			
3			
4			
5			
6			
7			
8			
9			
10			

우리의 check point (놓치지 않고 싶은 한 가지!)

〈멘토링 버킷리스트〉

떠오른 순서	내용	설명	실행 순위
1			
2			
3			
4			
5			
6			
7			
8			
9			
10			

내 일생의 친구 멘토 멘티

러빙핸즈는 멘토를 <u>동네 어른친구</u>라고 이야기합니다. 초등학교 3학년부터 중학교 3학년까지 멘토 멘티 매칭이 가능하기 때문에 적어도 4년, 최대 11년까지 멘토링이 이어집니다. 그러다 보니 버킷리스트를 작성해서 4~11년 동안 얼마나 달성하였는지 돌아보는 일이 큰 의미로 다가옵니다. 또한 버킷리스트에 있는 일생의 소원을 멘토 멘티가 함께 달성했다면 멘토와 멘티는 서로의 삶에서 큰 부분을 차지하는 친구가 됩니다.

러빙핸즈의 멘토들은 버킷리스트를 작성으로 초반 1~2년 동안에 다양한 활동을 시도할 수 있었다고 이야기합니다. 보드게임, 영화 보기, 서점가기, 슬라임카페 가기, 심리상담 카페 가기, 여행 가기 등의 멘토링 버킷리스트를 작성해 놓고 항목 하나하나를 지우면서 활동을 하다 보니 다음에 만나서 뭐 하지? 하는 고민은 없어지는 것이지요. 이걸 하려면 언제가 좋을까? 무엇을 준비해야 할까 하고 계획을 세우는 일에 더 많은 에너지를 사용할 수 있게 됩니다.

멘토링 4~5년 차가 되면 이젠 정말 친구가 되어서 특별히 뭘 하지 않아도 편한 사이가 되어 만나면 주로 수다 떨면서 활동을 이어가게 되는데요, 이런 시기에는 인생 버킷리스트 중에 같이 해 볼 만한 것들이 뭐가 있을까 찾아보는 것도 의미가 있습니다.

버킷리스트 작성을 통해 멘티에게 부족한 부분을 알게 될 수도 있고 이 정도는 내가 들어줄 수도 있는 소원인데 싶은 마음이 들 수도 있으나 이런 경우들에는 기관의 활동가들과 상의해 주신 후에 어떻게 할지를 정하셔야 합니다. 섣불리 무언가 약속을 하시거나 책임지지 못할 말을 내뱉으시면 안 됩니다. 비용이 많이 드는 여행이나 공연을 위해서 멘토 선생님과 멘티가 활동비의 일부를 아껴서 적립하거나 용돈을 서로 모으는 방법도 있습니다. 예를 들어서 멘토선생님은 월 1만 원, 멘티는 월 5천 원씩 내서 5년 동안 모은다면 90만 원을 모을 수 있어서 제주도 여행을 다녀올 수도 있습니다. 번지점프하기, 거리 공연 해보기처럼 멘티보다 멘토의 용기가 더 필요한 것도 있을 것입니다. 많은 멘토-멘티 커플은 비행기 타기나 해외여행 등을 꿈꾸고 있고 실제로 그 꿈들을 실현해 가고 있습니다.

4.서점 가서 책 골라 같이 읽기

_____년 ___월___일 (   )요일 / _____번째 만남 (매칭 후_____일째)

▶서점 정하기

▶장르 정하기
(미리 정한다 vs 가서 일단 본다)

▶감상 나누기
(문서로 작성한다 vs 간단하게 카톡 vs 하지 않는다)

* 책의 선택과 감상 나누기를 강요하지 않는다.
* 하지만 꼭 읽는다.
* 상황에 따라 같이 읽을 책을 정하거나 서로를 위한 책 추천을 하는 것도 좋다.

우리의 check point (놓치지 않고 싶은 한 가지!)

오늘은

앞으로는

책 속에 길이 있다는 믿음

활동지에는 복잡하게 나와 있지만 간단하게 동네 또는 중심가에 있는 서점에 가서 멘티가 좋아하는 책을 골라서 선물해 주는 활동입니다. 만화책을 좋아하는지, 판타지 소설을 좋아하는지, 참고서를 사고 싶어 하는지 아니면 책을 전혀 좋아하지 않은지 파악할 수 있습니다. 어떤 책을 읽을지 그중에 사주는 책은 어떤 책이 될 것인지(멘토 취향일지 멘티 취향일지, 적절히 합의를 볼 것인지), 책을 읽었는지 확인만 할지 간단하게라도 써 보게 할지, 이야기를 들어볼지 등은 멘토와 멘티의 특성과 성향에 따라 정하시면 됩니다.

"가끔 서점에서 서로 자유롭게 책을 살펴보고 난 뒤, 가지고 싶어 하는 책을 사주었습니다. 사고 싶은 책을 멘티가 골랐을 때는 책이 무슨 내용인지 물어봤는데, 책 내용을 정리해서 잘 설명하려 노력했던 모습이 기억에 남습니다. 심리상담사가 되고 싶은 멘티가 관심 있는 분야의 책들은 공감의 소설, 타로, 진로이야기 등이었습니다. 제가 골라주고 싶은 책이 있을 때는 책을 소개해주고 어떤지 물어보곤 했는데 보통은 (고맙게도) 관심을 가지고 읽어보고 싶다고 했습니다."- 멘토 A

"멘티 생일날 서울에서 만나 교보문고에 함께 갔습니다. 청소년은 책을 읽어야 한다는 생각에 본인이 고른 책을 선물로 사 주었습니다. 함께 읽지는 않았습니다. 책을 읽고 느낌이나 소감을 듣고 싶었는데 아직 듣지는 못했습니다. 책을 가까이하는 분위기가 아니어서 그런지 안타깝게도 책은 잘 안 읽는 것 같습니다."- 멘토 B

편하게 읽을 수 있는 심리학책을 사서 같이 읽는 것도 많은 멘토들이 추천하는 활동입니다. 분량을 정해놓고 과제하듯이 읽고 소감 써 오라고 하는 것이 아니라 같이 한 두 장 읽고 그중에 나온 내용, 단어 들로 이야기를 풀어나가는 것입니다.

요즘은 사회 전반적으로 책을 많이 읽지 않는 분위기이나 멘토 분들 그룹 중에는 책을 좋아하시는 분들의 비율이 높은 편입니다. 책을 읽는 사람의 비율은 적으나 책을 읽는 것이 좋다고 생각하는 사람의 비율은 절대다수입니다. 책을 읽는 삶이 아무래도 더 풍성합니다. 그저 목말라 보이는 말을 물가로 데려가는 일정도로 편하게 생각하시면 됩니다. 최근의 연구 결과에 따르면 책을 옆에 쌓아 놓기만 해도 지능발달에 도움이 된다고 합니다. 이처럼 책을 가까이하는 것은 좋은 습관입니다. 멘토 선생님들도 멘티와 함께 책 읽는 습관이 몸에 배인다면 멘토링을 통해 또 하나의 값진 것을 얻게 되는 것입니다.

5.소소한 게임 하기

_____년 ____월____일 (   )요일 / _____번째 만남 (매칭 후_____일째)

굵은 선 기준으로 빙고, 흐린 선 기준으로 오목게임을 하시면 됩니다.

우리의 check point (놓치지 않고 싶은 한 가지!)

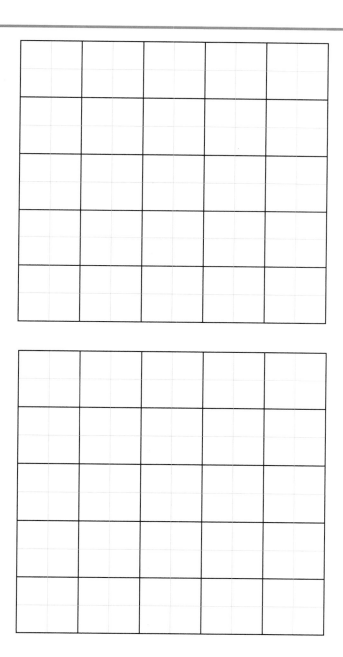

소소함과 함께 더해지는 친밀함

멘토 선생님들은 예전 교실에서 친구와 머리 맞대고 연습장에 오목을 두거나 빙고 게임을 했던 기억이 있으실 겁니다. 그게 그렇게 재미있었던 것은 몰래 하기 때문이었을까요? 단지 스릴만을 위해 선생님께 혼나는 위험을 감수하지는 않았을 것 같습니다. 그것은 특별한 준비 없이 무료함을 달래고 승부에 세계로 들어갈 수 있었기 때문이 아니었을까요? 지금의 우리들은 무료함을 달래기 위해 스마트폰을 켜게 되는데 한 공간에 같이 있어도 각자 스마트폰을 들여다보고 있는 것은 멘토링을 위한 만남에서는 어울리지 않는 듯합니다. 종이와 연필을 가지고 직접 그린 게임판, 철저한 아날로그 방식의 게임은 멘티들에게도 색다른 경험이 될 것입니다. 카페나 작은 도서관 같은 곳에서 함께 머리를 맞대고 승부를 가리다 보면 학창 시절 짝꿍처럼 친밀함을 키워갈 수 있습니다.

오목과 빙고는 활동지를 이용하여 진행하면 됩니다. 이외에도 상대방이 생각하고 있는 숫자를 맞추는 일명 숫자야구 게임도 간단하게 즐길 수 있습니다. (상대방이 적어놓은 임의의 세 자릿수를 추측해서 말하면 수와 자릿수가 모두 맞으면 '스트라이크', 숫자는 맞으나 자릿수가 다르면 '볼'로 이야기해 주면서 상대방의 숫자 3개를 추측해 맞춰가는 게임입니다.) 오목은 삼*삼 금지 같은 로컬 룰을 미리 정해서 시비를 미연에 방지하고 빙고는 '숫자', '나라이름', '도시이름', '아이돌 이름'등 빙고 주제를 미리 정해두는 것이 좋습니다. 물론 멘티가 제안하는 주제로 하거나 즉석에서 정해도 진행만 매끄럽게 된다면 상관은 없습니다.

요즘 스마트 폰에서는 오목이나 빙고를 할 수 있는 어플들이 많이 있고 멘토 중에는 바둑판에 오목을 두고 싶으신 분들도 있으실 겁니다. 이런 방식으로 활동하는 것이 불가하다는 것은 아니나 이번 회차 한번 정도는 종이와 연필을 가지고 머리를 모아 가며 게임을 해보자는 것이 이번 회차의 의도입니다. 줄을 어떻게 긋는지, 연필을 어떻게 쥐는지, 고심할 때 어떤 버릇을 가지고 있는지 알 수 있게 되는 것도 이번 회차의 의미가 될 것입니다. 여건과 취향에 따라 둘이 마주 앉아 간단하게 즐길 수 있는 카드형 게임 (예를 들면, 달무티, 젝스님트, 도블 등등)을 해도 좋습니다.

멘티, 또는 아이들과 승부를 가릴 때 가장 큰 갈등은 '일부러 져 주어야 하는가?'입니다. 정답이 있는 문제는 아닙니다. 눈치채지 못하게 이기게 해서 기분 좋게 해주는 것이 필요할 때도 있고 정정당당하게 승부를 가리고 결과에 승복하는 경험을 하게 해주는 것이 옳을 때도 있습니다. 멘토가 너무 승부에 집착하지만 않으면 됩니다.

6.서로에게 손 편지쓰기

_____년 ____월____일 (   )요일 / ____번째 만남 (매칭 후_____일째)

활동지에 작성해 보시고 편지지에 옮겨 적으세요.

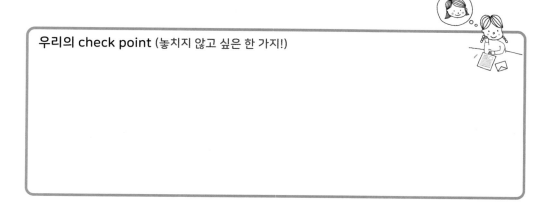

우리의 check point (놓치지 않고 싶은 한 가지!)

오늘은

앞으로는

내 손글씨를 기억하는 사람

멘토는 멘티에게, 멘티는 멘토에게 첫인상이 어땠는지와 서로에 대한 칭찬을 편지로 써서 서로 교환합니다. 그동안 만나면서 함께 해 왔던 좋은 경험에 대해 편지를 통해 이야기할 수도 있을 것입니다.

사실 요즘은 어느 정도 정서적이고 긴 이야기도 SNS 메신저를 통해 전달하게 되는 것 같습니다. 하지만 손글씨 편지가 주는 감성과 감동은 스마트 폰의 알림음과 함께 떠오르는 그것과는 비교할 바가 아닙니다. 멘토링을 하면 여러 번 편지를 쓰게 됩니다. 막 친해지려고 할 무렵, 상급학교에 진학할 때, 큰 시험을 앞두고 있거나 치렀을 때, 갑자기 편지 쓰고 싶은 마음이 생길 때... 멘토 선생님들은 '나는 열심히 편지를 쓰는 데 멘티들은 편지를 잘 써주지 않는다'며 서운해하다가도 자신이 편지에 썼던 내용들을 멘티가 기억하고 있다는 사실만 알게 되어도 큰 감동을 받고 눈물을 글썽이십니다. 그리곤 더 열심히 편지를 써서 멘티에게 건넵니다.

멘토링 초기 21회 차의 만남을 마치고 스물한 번째 만남 축하 파티를 앞두고 편지를 주고받는 것이 좋습니다. 앞으로 최대 11년 동안 수 없이 주고받아야 할 편지들의 시작점이라고 할 수 있겠습니다. 그동안의 만남을 상대방은 어떻게 생각하고 있는지, 앞으로의 만남에서 어떤 것을 기대하고 있는지 혹시 서로 오해하고 있는 것이나 다르게 생각하는 부분이 있다면 생각을 맞춰볼 수 있는 기회입니다. 이번회차에서는 쓰기만 하고 파티 때 서로 읽어주는 시간을 가질 수도 있습니다. 다만 만났을 때 같이 써야지 집에 가서 써오라고 하면 안 써오거나 안 가져오는 불상사가 생길 수도 있음을 기억하세요.

러빙핸즈 멘토링의 경우 멘토 멘티에 밤에 서로에 대한 답장을 쓸 수 있는 기회가 있으니 그 기회도 놓치지 마시기 바랍니다. 글로 마음을 표현하는 것처럼 새삼스러운 게 없지만 서로에 대해 마음으로 한 걸음 더 다가가는 계기가 될 것입니다.

멘토링을 시작하던 그날

멘토링 첫날 멘티의 집 근처에 조금 일찍 도착해서 동네를 한 바퀴 돌아보았습니다. 새로 만나게 되는 친구, 멘티와 함께 재미있게 놀 수 있는 거리들, 맛있게 먹을 수 있는 거리들이 무엇이 있을까 찾아보았습니다. 러빙핸즈 멘토 선생님들이 함께 하는 온라인 공간에 들어가 다른 선생님들이 남기신 기록과 글들을 보며 오늘 멘티와 나눌 이야기들에 대해서 생각해 보았습니다. 드디어 멘티를 만나고 처음 향한 곳은 떡볶이 집! 어색한 대화를 하며 떡볶이 집으로 걸어가는데 저만큼에 보이는, 우리가 건너야 할 건널목에 초록불이 켜졌습니다. "뛸까?" 멘티는 제 말이 끝나기도 전에 뛰기 시작했습니다. 아이의 뒤를 따라 뛰면서 생각했습니다. "너는 이럴 땐 뛰는 아이로구나! 앞으로 너에 대해 하나씩 열심히 알아가고 기억해 보도록 할게! 컴퓨터 수리점과 동전 노래방이 저기 있구나! 저기도 우리가 같이 가보게 되겠지?" (김승준 선생님)

멘티와 처음 만나는 날은 러빙핸즈 담당 선생님과 함께 멘티 집을 방문했습니다. 멘토링에 대한 서약서도 작성하고 사진도 찍고 첫 만남 약속을 잡고 헤어졌습니다. 우리 멘티는 많이 잘 생겼고 몸도 건강한 것 같고, 말도 잘하는데 마음은 조금 용기가 필요한 아이로 보였습니다. 돌아오는 길에 "좋은 만남을 만들어 보자"라고 카톡을 보냈습니다. 드디어 멘토링 시작하는 날, 일요일 오후 1시에 만나기로 약속했었는데 교회에 가야 한다고 해서 오후 7시로 약속시간을 변경했습니다. 시간에 맞춰 집 앞으로 갔는데, 갑자기 연락이 안 되는 겁니다. 한참 통화를 시도해도 연결이 안 되어 현관문을 두드렸더니 아버님께서 문을 열어 주셔서 집에 들어갔습니다. 그제야 카톡 답장이 와서 7:30경에 만난 것 같습니다. 공원에서 축구하는 걸 구경하고 있었다고 합니다. 첫 만남인데 못 만나면 어쩌나 했는데 만나서 다행이라는 생각이 들었습니다. 저녁을 먹기로 하고 먹고 싶은 음식을 말해보라고 했더니 선배가 맛있다고 추천한 피자가 먹고 싶다고 해서 근처 피자집에 가서 치즈피자 한 판을 먹었습니다. 저녁을 대신했습니다. 용기(가명) 생일만 물어보고는 다른 말은 하지 않았습니다. 첫 만남부터 부담을 주고 싶지 않아 맛나게 먹는 모습을 바라만 봐주었습니다. 앞으로 약 6년을 만나야 하는데, 천천히 가려고 합니다. 가능하면 저는 하루에 한 가지씩만 질문하고 조금씩만 대화를 하면서 대신 용기가 저에게 신뢰를 가질 수 있도록 노력하려고 했습니다. 집에 데려주고 돌아오며 카톡으로 인사를 보냈더니 바로 답장이 오네요. 생각보다 말도 잘하고 질문에 답변도 잘해주고 질문도 곧잘 합니다. 첫 만남에서 좋은 만남이 될 것이란 확신이 들었습니다.(김외규 선생님)

저는 교회를 통해 러빙핸즈 멘토링 교육을 받게 되었습니다. 종교적인 의지는 있었지만 봉사나 사회복지에 대한 이해는 전혀 없이 시작을 했습니다. 게다가 멘토링 교육을 받고 1년 정도를 기다린 후 매칭이 되어서 교육받은 것 다시 기억해 내면서 잘할 수 있을까 하는 걱정이 컸습니다. 더구나 멘티가 탈북민 아동이라니 그것도 부담스러웠고 비슷한 또래의 사춘기 아이 둘을 키우는 부모로서 스트레스를 이미 받을 대로 받은 상태에서 멘토링까지 하려니 엄두가 나지 않았습니다. 하지만 막상 만나보니 거친 사춘기 지나온 저희 딸들과 멘티는 결이 다른 아이처럼 느껴졌습니다. 너무 온유하고 만나면 헤어질 때까지 계속 웃어주는 모습에 충격 아닌 충격을 받고 부모로서 나에 대한 반성을 하게 될 정도였습니다. 환한 표정으로 '네, 선생님!', '네, 좋아요.' 이렇게 예쁜 말만 하는데 이런 아이라면 10명도 할 수 있겠다는 생각이 들 정도로 예뻤습니다. (안정호 선생님)

밥토링으로 시작하다

멘티들은 대부분 러빙핸즈 멘토링을 시작하기 전에 비슷하지만 다른 서비스를 이미 경험하는 것 같습니다. 그러한 경험들이 아이들에게 도움이 되기는 하겠지만 멘토링과 같은 프로그램에 부정적인 인식을 갖게 되는 경우도 있는 것 같습니다. 기존 멘토링의 문제점 중 하나는 충분한 시간 동안 지속되지 못하고 금방 끝나버린다는 겁니다. 1회성이거나 계획보다 빠르게 끝나버리는 서비스를 경험한 아이들은 러빙핸즈 멘토와 멘토링을 하게 되더라도 저 선생님은 나와 얼마나 관계를 이어가게 될까?라는 생각을 갖게 될 것 같습니다. 긍정적인 기대와 희망보다는 경계심과 의구심으로 관계를 탐색하게 될 것이어서 친밀감을 느끼기 전의 초기 멘토링 활동은 매우 어려울 수 있습니다. 그래서 저는 멘토링 활동의 시작점에 있어서 가장 중요한 것이 멘티의 신뢰를 얻는 것이라고 생각합니다. 몇 번 만나서 밥을 먹고 산책을 하고 영화를 본다고 신뢰는 만들어지지 않을 것입니다.

러빙핸즈 멘토링은 초기 21회까지 매주 만나라고 교육을 받았기에 저도 21주 이상 매주 만났습니다. 거의 5개월 동안 매주 만나서 서로 얼굴을 보며 웃고 안부를 묻고 친근하게 사는 얘기를 나누고 밥을 먹어보니 신뢰가 쌓이는 게 느껴집니다. 지금까지 멘티가 겪어 본 멘토링 류의 프로그램들과는 다른 일상들이 전개되면서 멘티는 앞으로의 만남에 대해서도 의심하지 않고 호기심과 긍정적인 기대감으로 만남에 응하게 되는 것 같습니다. 단순하게 생각해봐도 가정 내 환경으로 가족도 많은 것을 해주지 못하는 상황에서 멘토선생님이 대단한 걸 해주진 못하더라도 영화도 보여주고 나들이도 하고 맛난 음식도 사 줍니다. 어떻게 기대가 안되고 긍정적인 생각이 들지 않을 수 있겠습니까? 초기 신뢰 구축을 위해서는 지속적으로 21회 정도는 매주 만나야 한다고 생각합니다. 그리고 사람은 먹지 않고는 살 수 없기 때문에 함께 식사를 하면서 갖는 시간이 멘토와 멘티가 친밀감을 쌓는데 매우 좋은 시간이라고 생각합니다.(김외규 선생님)

저는 말을 많이 하는 직업을 가지고 있어서 일할 때를 제외하곤 말하는 것을 즐겨하지 않는 편입니다. 멘토링 초기, 멘티는 묻는 말에는 밝은 표정으로 대답을 잘해주었지만 먼저 말을 걸거나 뭘 물어보지는 않았습니다. 어색한 침묵이 싫어서 제가 말을 많이 하게 되었습니다. 어떻게든 저와의 만남을 편안하게 느끼게 해주고 싶어서 학교에서 있었던 일이나 요즘 느끼고 생각하는 것들처럼 일상적인 질문들을 많이 하였습니다. 워낙 시키는 대로 하는 스타일인 저는 10번까지는 매주 만나 밥을 먹으라고 해서 그것만은 지키기 위해서 노력했는데 지나고 나서 보니 기관에서 그렇게 요청하는 이유가 있었구나 충분히 알게 되었습니다. 주변에 다른 멘토 선생님들을 봐도 처음 매주 만남 10번을 지키는 선생님들은 끝까지 멘토링이 잘 진행되지만 멘토에게 혹은 멘티에게 피치 못할 사정이나 어떤 어려움이 있어서 그걸 지키지 못 하는 경우는 삐그덕 거리고 끝까지 못가는 것을 보았습니다. 처음 10번 만남을 지키는 것이 멘토와 멘티 간에 믿음과 신뢰를 주고 '우리가 시작했으니 끝까지 가야 한다'는 책임감을 느끼게 하는 멘토링의 시작, 첫 관문이라고 생각됩니다.(안정호 선생님)

PART.2

친밀감을 쌓아가는 활동적 만남

21번
어른친구
멘토링

7.자전거 타기 (feat. 라면 먹기)

_____년___월____일 (   )요일 / _____번째 만남 (매칭 후_____일째)

▶출발지(   ) - 도착지(   ) 거리____km

▶자전거 타기 숙련도
멘토 (못탐 / 초보 / 중간 / 잘탐 / 선수급)
멘티 (못탐 / 초보 / 중간 / 잘탐 / 선수급)

▶안전을 위한 체크 사항
☑
☑
☑

▶출발 전 각오

▶도착 후 소감

우리의 check point (놓치지 않고 싶은 한 가지!)

오늘은

앞으로는

자전거의 낭만을 아는 우리

"더운 여름날에 양화대교에 위에 있는 카페에서 라면을 함께 먹었습니다. 한강과 멘티집과 거리가 있기에 멘티가 시간적으로 여유가 있을 때, 다녀오는 게 좋을 듯했습니다. 지금은 집과 20-30분 떨어진 곳이라도 멘티가 찾아 올수 있지만, 초등학생~중1 때는 집에서 픽업해서 데려와야 하기에 저 또한 시간을 넉넉하게 잡아서 움직였습니다. 지금은 없어진 곳이지만 양화대교 위의 카페에서 시원하게 에어컨 바람을 맞으면서 라면도 먹고 차도 마시고 책도 읽으며 시간을 보내다가 왔습니다." - 멘토 D

자전거 타기는 모두가 좋아하는 활동입니다. 또 빠른 사람은 반나절만에도 쉽게 배울 수 있습니다. 요즘은 관광지에서 대여해주는 것뿐만 아니라 생활 주변에서 공유 자전거를 부담스럽지 않은 비용으로 쉽게 탈 수 있습니다. 자전거를 멘티, 멘토 둘 다 탈 수 있다면 따로 자전거를 타도되고, 만약 멘티나 멘토 선생님 중 탈 줄 모르는 사람이 있다면 2인용 자전거를 빌려서 같이 타도됩니다. 그것도 아니라면 멘티에게 자전거 타기를 알려주거나 반대로 멘토가 멘티에게 자전거 타기를 배우는 것도 의미 있는 활동이 될 것입니다.

날씨와 체력등 상황을 고려해서 자전거 타기의 코스를 정하고 중간에 위험 요소는 없는지 확인합니다. 자전거 탈 때는 헬멧을 안 쓰는 경우가 많은 데 멘토링 만남으로 활동할 때 안전사고에 대한 주의는 아무리 많이 해도 지나치지 않기 때문에 헬멧만이라도 필수적으로 챙기도록 합니다. 멘토나 멘티가 체력이 약하거나 운동이 서투르다면 다른 보호장구들도 준비해서 다치는 일이 없도록 합니다. 멘티뿐만 아니라 멘토도 다쳐서는 안 됩니다. 만에 하나 라도 불미스러운 일이 생기면 사업 전체에 영향을 줄 수 있기 때문에 책임감을 가지고 안전을 챙기는 것이 좋습니다. 우리가 오늘 자전거로 이동할 코스가 몇 km 정도 되는지 미리 알려주는 것도 도전의식과 성취감을 높이는데 좋습니다. 자주 자전거를 탄다면 코스와 그 길이에 대해 꼭 기록해서 나중에 돌이켜 볼 때 자랑스러운 소중한 추억으로 만들어 갈 수 있습니다.

농담 반으로 한강에 자전거 타러 갈 때는 즉석으로 끓여 먹는 편의점 라면, 일명 '한강라면'을 먹으러 간다고 하기도 하였는데, 요즘은 한강에 가지 않더라도 '한강라면'을 먹을 수 있는 곳이 많으니 꼭 기억해 두었다가 즐거운 추억 많이 쌓으시길 바라겠습니다.

8.같이 운동하기

_____년 ___월___일 (   )요일 / _____번째 만남 (매칭 후_____일째)

➤우리들의 PLAYGROUND(장소)

➤하고싶은 운동
멘토(1.   / 2.   / 3.   )
멘티(1.   / 2.   / 3.   )

➤안전을 위한 체크 사항
☑
☑
☑

➤운동 전 각오

➤운동 후 소감

우리의 check point (놓치지 않고 싶은 한 가지!)

오늘은

앞으로는

몸을 움직여요, 격하게

요즘은 좀처럼 움직일 일이 없는 세상입니다. 무엇이던 컴퓨터와 스마트 폰으로 하는 시대가 되고 나서 사람들의 활동량이 점점 줄어서 여러 가지 문제들이 나타나고 있습니다. 정신적으로도 육체적으로도 활동적인 생활은 무척 중요합니다. 우리의 청소년들도 그저 앉아서 하루를 보내는 경우가 많습니다. 청소년들이 좋아하는 먹거리는 열량이 점점 높아지는 데 하루 중의 움직임은 급격히 줄어드니 성장과 건강에 대한 걱정이 높아지고 있습니다.

멘토링은 멘티에게 정서적인 지원을 해 주는 프로그램이라고 생각하기 쉽지만 건강하고 바른 어른으로의 성장시키는 것이 궁극적 목표라고 했을 때 멘티에게 건강하고 활기찬 생활습관을 길러주는 것도 중요합니다. 멘토멘티가 같이 할 수 있는 운동을 찾아보세요. 줄넘기, 롤러블레이드, 철봉에 매달리기, 농구, 배드민턴 등을 같이 합니다. 가능하다면 멘티가 이미 해 본 운동이거나 좋아하는 운동이면 더 좋겠지요.

멘티는 운동을 좋아하는 남자 청소년인데 가족 중에는 같이 운동을 할 사람이 없는 경우도 있습니다. 아버지가 안 계신 가정이거나 남자 형제가 없는 경우, 남동생이 있더라도 아직 어린 경우는 운동을 해서 에너지를 발산할 기회가 없는 경우도 있습니다. 그럴 때 멘토 선생님이 운동 파트너가 되어 준다면 금방 둘도 없는 친구가 될 수 있습니다.

"멘티와 만나서 자주 산책을 하는 편입니다. 여러 번 함께 걷다 보니 체력이 급격하게 떨어지는 모습이 보여서, 운동권유를 많이(거의 볼 때마다) 하고 있습니다. 걷는데 숨이 차고 힘들어하기는 해도 함께 이야기하면서

공원을 걸을 때는, 실내에서 가만히 앉아 이야기하는 것보다 더 활기찬 분위기가 되는 듯합니다."-멘토 C

몸을 움직이면 마음도 덩달아 활기차지는 것을 어른들도 자주 느낍니다. 에너지가 많은 청소년들은 더할 것입니다. 성향에 따라 정도의 차이는 있을 수 있으나 멘토링 중 동적인 만남은 반드시 필요하며 그중에 한 번은 이렇게 본격적으로 운동을 하는 만남도 좋을 것입니다.

9.동전 노래방 가기

_____년 ___월___일 (   )요일 / ____번째 만남 (매칭 후_____일째)

➤우리들의 PLAYGROUND(장소)

➤안전을 위한 체크 사항
☑
☑
☑

➤시작 전 예상

➤오늘의 가장 인상 깊었던 장면

우리의 check point (놓치지 않고 싶은 한 가지!)

오늘은

앞으로는

무대의 주인공이 되어

멘티와 멘토가 같이 동전노래방을 이용해 보는 것도 좋습니다. 평소의 모습과 노래방에서의 모습이 다른 경우도 많습니다. 멘토선생님과 같이 방학 때마다 동전노래방이나 노래방을 방문하는 멘티, 멘토커플도 있습니다.

"동전노래방에서 오랜 시간 함께 노래를 부른 적이 있습니다. 볼 빨간 사춘기, 아이유 노래 등 소녀소녀한 멘티의 노래취향을 알 수 있었습니다. 서로의 노래실력에 대해서는 언급이 없었습니다."-멘토 D

"동전노래방은 아니지만 방탈출게임을 한 번 해본 적이 있었는데, 저는 굉장히 즐거웠지만 멘티가 중학생 때 여서 그런지 몰라도 방에 들어가서 중간중간에 나오는 효과들에 깜짝 놀라며 무서워했습니다. 방탈출 테마 중에 공포테마들은 주의해야 할 듯합니다. 그래도 둘이 머리를 모아서 방을 탈출하려 노력했던 기억이 납니다. 탈출 성공 여부는 기억이 나질 않습니다. 고등학생이 된 멘티와 다시 한번 방탈출게임을 해보면 또 다를 듯합니다."-멘토 E

멘토링 초기 멘티는 아직 초등학생이거나 중학생이고 멘토는 이미 성장한 어른이기 때문에 어느 정도의 나이 차이가 있을 수밖에 없습니다. 그렇기 때문에 노래 취향도 다를 수밖에 없는데 보통은 멘티들이 자기가 놀고 싶어서 노래방에 가자고 하는 경우가 많습니다. 멘토와 멘티가 쿵짝이 잘 맞아서 함께 즐겁게 노는 것이 최상이겠으나 그렇지 않더라도 각자 자기 취향 즐기고 상대방은 그저 바라봐 주는 것도 의미가 있습니다. 서로 존중해 주고 이해해 주는 데 도움이 됩니다. 너무 맞춰 주려고도 하지 말고 각자 본인 취향에 충실하다 보면 친밀감이 쌓여 갈 것입니다.

대부분의 청소년들이 드나드는 동전 노래방이지만 아무래도
폐쇄적인 공간이기 때문에 친구들과 가는 것보다는 멘토선생님과
같이 가는 것이 부모 입장에서도 안심이 될 것입니다.

10.영화 보기

_____년 ___월___일 (   )요일 / _____번째 만남 (매칭 후_____일째)

▶영화제목 / 상영장소

▶기본정보
☑ 감독 및 staff :
☑ 출연배우 :
☑ 기타 :

▶기대의 한 마디

▶오늘의 가장 인상 깊었던 장면

▶개봉을 기다리고 있는 영화

우리의 check point (놓치지 않고 싶은 한 가지!)

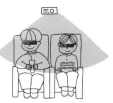

오늘은

앞으로는

개봉을 기다리는 설레임

영화 보는 것을 좋아하는 멘티라면 같이 영화 보는 것을 권합니다. 마블 영화를 좋아하는 멘토&멘티는 마블 영화 개봉하는 첫날, 같이 영화관에 가서 추억을 만들기도 합니다. 좋아하는 영화가 개봉하기를 기다리던 기억과 멘토, 멘티와 함께한 추억이 합쳐진다면 특별한 인연으로 서로를 인식하게 될 것입니다. 영화는 또 나중에 돌이켜 보았을 때 그 시절을 떠올릴 수 있는 매개체가 됩니다. 멘토, 멘티를 처음 만났을 때 함께 보았던 영화가 명절 특선영화로 나오거나 영화 소개 프로그램에서 나올 때 서로를 떠올리게 되며 함께한 시간의 흐름들을 짙게 인지하게 될 것입니다. 시리즈로 나오는 영화를 챙겨 본다면 더욱 그렇겠지요. 멘토, 멘티가 같이 영화 보는 것이 좋고 대화에도 도움이 된다면 정기적으로 영화를 관람해도 좋습니다.

기관에선 그렇게 하지 말라고 늘 이야기하지만 멘토 선생님들은 인식하지 못하는 사이에 멘티를 만나서 무언가를 해 주려고 합니다. 그런 강박관념이 생겼다고 판단되면 영화를 보시면 좋습니다. 처음 만난 사이에는 영화만 보고 헤어지면 대화를 거의 못하기 때문에 초반에 영화 보기는 추천하지 않습니다만 서로가 부담 없는 시간을 보낼 필요가 있을 때 영화를 같이 보는 것은 탁월한 선택입니다.

"서너 편의 영화를 함께 보았습니다. 멘티가 보고 싶은 영화와 제가 보고 싶은 영화가 일치할 때, 함께 봤습니다. 영화를 보고 영화 감상평을 함께 이야기하는 시간도 좋았습니다."-멘토 F

"멘티들은 영화 보는 것을 좋아합니다. 요즘은 영화 한 편 보는데 가격도 만

만하지 않고, 그래서 친구들과 영화를 보는 것이 쉽지가 않은 것 같습니다. 자주 가지는 않지만 분기에 1회 정도 영화를 보러 다녔는데, 코로나 이후에는 자주 못 가고 한번 갔습니다. 영화에서 주는 감동/재미가 있으니 영화를 보면 특별한 무언가를 하지 않아도 좋습니다."-멘토 G

최근에는 OTT서비스를 통해 영화나 시리즈 물을 보게 되는데 기관의 도움을 받아 큰 화면에서 같이 보는 경우도 많습니다. 저작권을 침해하지 않는 범위 내에서 몇몇 멘토, 멘티 커플이 모여서 보는 것도 색다른 재미가 있을 것입니다. 언제나 청소년들에게 유해한 영상은 어른들의 골칫거리였는데요, 꼰대처럼 잔소리를 하기보다는 자연스럽게 여러 매체들을 함께 보면서 자기만의 이런저런 생각들을 나누는 것도 도움이 될 것입니다.

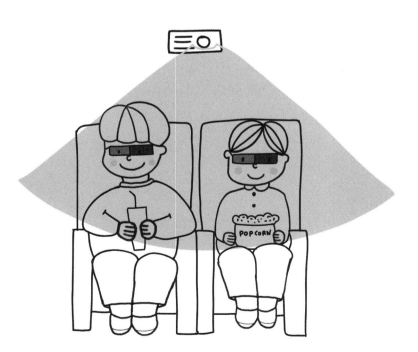

11.스마트폰 사진 출사

_____년 ___월____일 (   )요일 / _____번째 만남 (매칭 후_____일째)

➤촬영장소

➤포토스팟
☑
☑
☑

➤인생샷을 찍겠다는 각오

➤오늘의 스케치

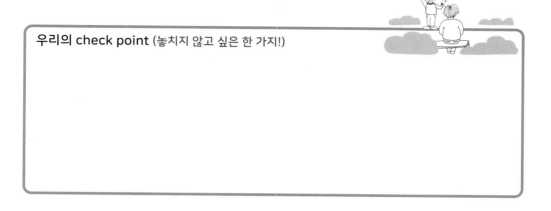

우리의 check point (놓치지 않고 싶은 한 가지!)

오늘은

앞으로는

ㅍ 사 를 부 탁 해

공원을 방문하거나 산책을 하거나 하면서 핸드폰으로 사진을 찍습니다. 그리고 서로 좋은 사진을 교환할 수 있습니다. SNS를 한다면 서로에게 프로필 사진을 추천해도 좋습니다. 요즘은 사진 찍기 팁이 많이 공유되고 있습니다. 사진이 잘 나오는 장소와 각도를 공유하는 것은 물론 주변의 간단한 사물을 이용해서 전문가의 사진 같은 효과를 내는 팁도 많이 있습니다. 하지만 공개된 장소에서 혼자 그렇게 사진을 찍는 것은 아무리 그렇게 찍는 사람이 많다고 하더라도 부끄러운 일이기도 합니다. 성격과 성향에 따라 정도의 차이가 있을 수 있지만 혼자서는 용기가 안 날 때 서로를 찍어주면서 용감해져 보는 것도 좋은 추억이 됩니다. 평소 지나다니는 길에서 사진을 찍는 것도 좋지만 요즘 핫한 '인생샷 맛집'을 찾아 나서는 것도 좋습니다. 모두가 똑같은 사진 찍는 것 부끄럽기도 하지만 안 하면 어쩐지 섭섭한 그런 세상이 되었습니다.

"선유도 공원에서 사진작품 남기기를 목적으로 서로를 열심히 촬영해 주었습니다. 멘티를 주로 찍어주었는데, 수줍어하면서 포즈를 취하지만 그래도 사진에 열심히 찍혀주었습니다. 예쁜 사진 남기기는 여자멘티라면 싫어하지 않는 활동 인듯합니다. 멘티가 가끔 제 사진도 찍어주었는데, 좋은 사진 남기려고 열심히 또 찍어주기도 했습니다. 가끔 이렇게 집 근처가 아닌 새로운 공간에서 만나 새로운 활동을 하는 게 기억에 남네요." -멘토 H

셀피를 잘 찍는 멘티 친구들은 정말 잘 찍지만 셀피를 찍는 것과 누군가가 찍어주는 것은 확실히 다릅니다. 그리고 사진작가들은 말합니다. 자신이 잘 이해하고 있는, 그리고 사랑하는 피사체를 찍을 때 좋은 사진이 나온다고... 가끔씩 바쁘게 일하는 엄마, 아빠를 대신해 손자를 돌봐주시는 평범한 어르신께서 찍으신 아이 사진이 전문가의 사진처럼 잘 나온 것을 볼 수 있습니다. 멘토와 멘티도 서로 사진을 계속 찍어 주다 보면 서로에 대한 이해와 애정이 깊어지고 커질수록 점점 좋은 작품이 나오는 것을 느끼게 되실 겁니다.

멘토 선생님들은 예전에 스티커 사진을 친구들과 많이 찍으셨을 텐데요, 요즘 다시 부스 안에 들어가서 사진을 찍는 비슷한 유행이 돌아왔죠. 소품도 많고 특수효과도 넣을 수 있는 포토부스 사진을 같이 찍는 것도 멘티와 친해질 수 있는 방법이 될 것입니다.

12.백패킹

_____년___월___일 (   )요일 / _____번째 만남 (매칭 후_____일째)

▶출발지(   )

경로(   )

야영지(   )

도착지(   )

총 이동 거리_____km

▶등산 경험
멘토 (처음 / 초보 / 보통 / 많이 해봄 / 자연인 수준)
멘티 (처음 / 초보 / 보통 / 많이 해봄 / 자연인 수준)

▶안전을 위한 체크 사항
☑
☑
☑

▶출발전 각오

▶도착후 소감

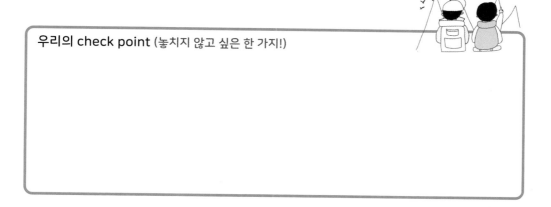

우리의 check point (놓치지 않고 싶은 한 가지!)

오늘은

앞으로는

둘만의 캠프화이어를 꿈꾸며

멘토와 멘티가 함께 백패킹을 합니다(지부의 경우 백패킹 가능한 공원). 캠핑할 수 있는 장비를 러빙핸즈에서 가지고 있는 경우는 빌려서 할 수도 있고, 장비가 없다면 차박이나 당일치기 캠핑을 시도해도 좋습니다. 이럴 여건이 되지 않는다면 당일치기로 둘레길을 돌거나 당일치기 등산을 해도 됩니다.

백패킹의 원래 의미는 야영할 수 있는 장비를 갖추고 자유롭게 돌아다니다가 텐트를 치고 밤을 보내는 것이지만 미성년자인 멘티와 함께 하는 활동이다 보니 사전에 코스를 정하고 안전과 편의성을 고려하여 꼼꼼하게 준비하는 것이 좋습니다. 준비도 많이 필요하고 다녀오고 나면 몸도 많이 힘들겠지만 그런 만큼 멘티와 많이 가까워질 수 있는 활동입니다.

친구들끼리 여행을 가도 힘들면 많이 싸우게 되는 데 멘토와 멘티가 함께 가기 때문에 힘든 일이 생기고 갈등이 생기면 멘토가 많이 희생할 수밖에 없습니다. 다른 여러 활동들 중에서 체력적으로 부담이 많이 가는 활동이기 때문에 멘토가 전적으로 배려한다는 생각으로 시작하시기를 부탁드립니다. 여러 가지 상황들을 고려하고 기관 담당자나 선배 멘토들의 이야기를 들어보고 철저하게 준비하되 냉철하게 생각해서 난관이 예상된다면 당일치기로 다녀오거나 잠은 숙소를 이용하는 것으로 코스를 잡아도 됩니다. 등산과 캠핑을 같이 하는 것이 좋지만 상황에 따라 자유롭게 조합하셔도 무방합니다.

"멘티에게 등산을 여러 번 이야기한 적이 있는데, 말로는 가자고 하지만 힘들다는 의사표시를 항상 합니다. 동네 공원과 산책에 익숙해지고 단련

이 된 후에 낮은 동네산부터 다녀오고 간식도 먹으면서 산은 힘든 곳이 아니라는 것을 느끼게 해주고 싶습니다."-멘토 ㅣ

산과 들을 누비는 일은 도시에 살고 있는 청소년들에게는 낯선 일이고, 낯설기 때문에 선뜻 따라나서지 않을 수도 있습니다. 또한 활동적인 활동을 매주 연달아한다면 멘토링을 피곤한 활동으로 인식할 수도 있습니다. 멘티의 성향을 고려하고 배려해 주면서 이러한 작은 도전들을 격려해 준다면 멘토와 멘티의 멋진 추억을 만들 수 있을 것입니다.

아이들이 내 맘 같지 않을지라도...

러빙핸즈 멘토링은 기본적으로 4년 이상 이어지는 활동이기 때문에 마라톤과 같다고 느껴집니다. 다른 멘토 선생님들과 이야기를 하다 보면 처음에는 카톡 답장도 잘 안 하고 연락도 되지 않아 멘토 선생님들을 힘들게 했던 아이들도 시간이 지나면서 연락도 잘되고 답장해 주는 시간도 짧아진다는 것을 공통적으로 이야기하십니다. 멘토 선생님들은 아이들과 빨리 친해져서 바로 오늘부터 재미있고 의미 있는 시간들을 만들어 가고 싶은데 만나는 것조차 힘이 드니 많이들 속상해하시죠. 멘토링이라고 열심히 준비하고 의욕을 가지고 출발을 했는데 속도가 안나는 것 같아 답답하고 끝까지 할 수 있을까 하는 생각도 들지만 경쟁을 하는 것이 아니니까 조급한 마음 가지지 않고 완주만 하겠다는 마음이면 충분하지 않을까 하는 생각을 했습니다. 멘토가 지치지 않고 꾸준하게 같은 자리에서 기다려 주고 있으면 아이들도 성장하면서 선생님에게 다가와 주더라고요. (김승준 선생님)

저와 멘티가 처음 매칭이 된 건 멘티가 초등학교 4학년 때였습니다. 지역의 지역아동센터를 통해 러빙핸즈와 연결이 된 경우였습니다. 러빙핸즈에서는 초기 10회 만남까지는 매주 한 번씩 만남을 가져달라고 했는데 생각보다 1주일이라는 시간이 빨리 돌아오는 것처럼 느껴졌습니다. 저에게는 쉽지 않았던 거죠. 마침 그즈음에 멘티가 핸드폰을 잃어버려서 만남을 위한 연락을 하는 것부터가 어려웠습니다. 멘티의 아빠나 언니, 혹은 지역아동센터 센터장님과 통화를 해서 약속을 잡아야 했고, 직접 한 약속이 아니어서 그랬는지 아이가 만나기로 한 날을 자꾸 까먹기도 했습니다. 그래서 학교 끝나는 시간을 체크해서 그 시간에 학교 앞에서 기다

렸다가 만나는 방법을 선택했습니다. 저도 그랬지만 아이도 아직 어색해서 긴 시간 만남은 서로가 부담스러울 수 있겠다는 생각에 학교에서 지역아동센터를 데려다주는 동안의 짧은 거리와 시간을 만남을 위해 사용했습니다. 지역 아동센터에 가야 했기 때문에 따로 시간을 길게 가지려면 센터장님과 사전에 스케줄을 조율해야 할 필요도 있었습니다. 하지만 그 후에도 약속을 잊어버리는 일은 종종 일어났습니다. 초창기엔 관계 형성에 어려움이 있을까 봐 따로 이야기하진 않았는데 나중에 어느 정도 친해지고 난 후에는 이야기를 했습니다. 선생님도 그런 일이 반복되면 기운이 빠지고 속상하다고... 아이는 미안해하면서 선생님이 싫어서 그런 건 아니라고 이야기해 줬습니다. 중학생이 된 지금은 연락도 잘하고 약속도 잘 지켜주어 감사합니다. (정미숙 선생님)

PART.3

우리 동네, 알고 누리는 만남

21번

어른친구

멘토링

13.동네 도서관 / 청소년센터 방문하기

_____년 ___월___일 (   )요일 / _____번째 만남 (매칭 후_____일째)

〈가기 전〉

▶방문 하려는 곳 :

▶위치/가는 길:

▶할 수 있는 활동:

〈다녀 와서〉

▶실제로 방문해 보니 어땠는지?

▶다시 방문 하면 하고 싶은 활동

우리의 check point (놓치지 않고 싶은 한 가지!)

오늘은

앞으로는

청소년에게 도움되는 공간 찾기

성남의 라이브리 티티섬이나 잠실의 구립 잠실청소년센터처럼 멘티가 사는 지역에 구립 도서관 또는 작은 도서관, 청소년센터를 방문해서 어떤 서비스를 이용할 수 있는지 확인합니다. 영화 상영, 노래방, 보드게임 등을 무료 프로그램으로 제공하는 곳이 점점 많아지고 있습니다. 이러한 시설들은 멘토링 만남시에 이용하는 것도 좋지만 멘토선생님과 같이 가서 이용하는 법을 알아두고 심리적으로 가까워지면 멘티 혼자서라도 필요할 때마다 이용할 수 있어서 좋습니다. 이러한 센터 등의 시설을 이용하다 보면 다른 유익한 프로그램들을 발견하고 참여할 수 있고 그러면서 또 새로운 친구를 사귈 수도 있습니다. 대한민국 사회의 젊은 층에서 혼자 있어도 외로움을 느끼지 못하고 오히려 더 편하다고 응답하는 비율이 점점 더 증가하고 있다고 합니다. 성향에 따라 혼자 있는 시간이 꼭 필요한 사람들도 있지만 상처나 심리적 어려움으로 스스로 고립되어 살아가는 이들도 점점 늘어가고 있는 상황이라 청소년들이 일정 시간 이상의 외부활동, 다른 이들과의 건전한 상호작용을 지속하게 하는 것도 중요한 일이 되었습니다. 청소년들을 위해 특별히 마련되고 특화된 공간을 십분 활용해야 합니다.

간단하게 검색을 하거나 멘티에게 학교에서나 친구들로부터 이런 청소년 공간에 대해 들은 적이 없는지 물어보고 방문할 장소를 정합니다. 홈페이지에 공개된 프로그램과 참여방법을 통해 함께 할 수 있는 시간에 이용할 수 있는 내용들을 목록으로 정리해 봅니다. 활 수 있는 활동들의 우선순위를 정하고 방문 시 그 우선순위에 따라 활동을 진행합니다.

다녀오고 나서는 가기 전의 생각과 비교해서 다녀오고 어땠는지 이야기를 나눠보고 다시 방문할 의향이 있는지 다시 가게 된다면 기존에 활동을 다시 하고 싶은 새로운 활동에 도전하고 싶은지 이야기를 나누고 정리해 둡니다.

> "청소년센터에서 멘티가 합창단 공연을 한 적이 있어서 꽃을 사서 공연을 보러 간 적이 있었는데, 활동하는 모습을 직접보고 나니 같이 활동하는 친구나 멘티가 하고 싶어 하는 것들에 대해 더 풍성한 이야기할 수 있었습니다."-멘토 J

위의 멘토 선생님 경우와 같이 멘티가 이미 이러한 시설들을 활발하게 이용하고 있는 아이라면 그곳에서의 활동 모습을 통해 멘티를 더 폭넓게 이해할 수 있는 기회를 얻을 수도 있습니다. 멘토선생님이 함께해 주고 지지, 응원해 준다면 더욱 열심히 활동할 것입니다.

멘티가 사는 집 주변에 이러한 시설이 없다면 조금 멀더라도 괜찮은 시설을 찾아 멘토선생님이 동행해 주시고 멘티가 좋아하는 프로그램이나 활동이 있다면 정기적으로 함께 방문해 주시는 것도 추천합니다.

14.전통시장 투어

_____년 ____월____일 (   )요일 / _____번째 만남 (매칭 후_____일째)

▶방문하는 시장:

▶위치/ 가는 길

▶관련 해시태그
#
#
#
#

▶먹거리 리스트 (예산: 1인당   원)

▶쇼핑 리스트 (예산: 1인당   원)

우리의 check point (놓치지 않고 싶은 한 가지!)

오늘은

앞으로는

시장 먹거리의 마법

전통시장은 큰 비용을 들이지 않고 재미난 추억을 쌓을 수 있는 좋은 장소입니다(예: 망원시장, 광장시장, 모란시장, 통인시장 등). 멘티&멘토가 시장투어를 하면서 멘토 선생님의 전통시장과 관련된 추억을 되돌아보기도 하고 다양한 먹거리를 즐기고 좋은 추억을 쌓을 수 있습니다.

전통시장은 그 지역의 특색을 가장 잘 드러내는 장소 중 하나입니다. 우리들은 유명해진 시장 몇 군데만 인식하고 있지만 지자체 별로 전통시장을 지원하는 곳이 많기 때문에 멘티가 사는 곳 멀지 않은 곳에 전통시장을 찾을 수 있을 것입니다. 멘티가 흥미로워할 것 같은 먹거리와 살거리들을 함께 찾아보며 계획을 잡습니다. 쇼핑예산과 먹거리 예산을 미리 정해 두고 예산범위 내에서 소비할 수 있도록 약속합니다.

지역의 전통시장을 다녀온 후 유명 전통시장도 방문하여 비교해 보는 것도 의미가 있을 것입니다. 유명 전통시장은 인스타그램 등에 많이 태그 되는 곳이 있습니다. 반드시 인증샷을 찍어야 하는 스팟들과 꼭 먹어야 할 주전부리는 미리미리 체크해 둡니다.

"멘티랑 1박 2일 서울투어를 하는 중에 망원동 시장을 돌면서 간식거리를 사서 먹은 적이 있습니다. 1박 2일로 다녀오다 보니 함께 저녁시장의 풍경을 보고 구경하고 배고프면 음식도 사 먹으면서 여유롭게 돌아다녔던 기억이 납니다. 먹거리가 풍부한 전통시장 투어는 멘토에게도 멘티에게도 재미있는 경험이었습니다."-멘토 K

"시장은 몇 번 갔었습니다. 시장에 가서 구경하고 칼국수와 같은 시장 음식

으로 점심 먹고 호떡 같은 음식으로 군것질도 하고요. 아무래도 시장구경의 묘미는 군것질인 것 같습니다. 맛있는 것 먹는데 기분 안 좋을 일이 전혀 없으니까요. 사람들이 열심히 사는 모습에 대해 얘기를 나누었던 것 같습니다."-멘토 L

멘티와 마트나 시장에 간다면 멘티의 소비 성향, 경제관념 등에 대한 정보도 얻을 수 있습니다. 경제관념은 사회의 일원으로 살아가는 데 꼭 필요하며 어렸을 때부터 올바른 관념을 가지고 성장하는 것이 중요합니다. 멘티의 행동을 주의 깊게 관찰하되 경제관념에 대해 잔소리를 늘어놓기보다는 기관과 상의하여 수분에 맞는 적합한 교육을 연결해 주는 것도 좋을 것입니다.

15.산책하기

_____년 ___월____일 (   )요일 / _____번째 만남 (매칭 후_____일째)

➤오늘의 산책코스(출발 - 경유 - 도착)

➤소요시간(분)

➤MEMO

우리의 check point (놓치지 않고 싶은 한 가지!)

오늘은

앞으로는

함께 걷기만 하여도

식사 후 멘티와 동네 산책을 해 보세요. 가까운 곳에 공원이나 산책로가 있다면 더 좋겠지요. 멘티나 멘토 선생님 중에서 강아지를 키우는 분이 있다면 같이 산책을 해도 아주 좋습니다. 산책 후 편의점에서 커피나 음료 한 잔도 아주 좋겠지요?

요즘은 거의 모든 동네에 운동과 산책의 명소가 있습니다. 산책은 아무래도 긴장을 최대한 푼 상태에서 편안하게 하는 것이 좋습니다. 동네에 숨겨져 있던 무언가를 우연히 발견하는 기쁨을 누리는 것이 산책의 묘미인데 그런 발견을 위해서는 목적지를 명확하게 정하거나 언제까지 돌아가야 하는 시간이 있다거나 격렬한 토론을 하는 중이어서는 어렵습니다. 가야 할 곳도 없이 시간의 제한도 없이 걸으며 몸의 긴장을 완전히 푼 상태로 할 수 있는 대화를 하는 것이 좋습니다. 그리고 결국 아무것도 발견하지 못해도 좋습니다.

"저와 멘티는 특히 산책을 많이 했습니다. 봄에는 벚꽃길, 여름에는 광교 호수 주변, 가을에는 단풍 구경, 겨울에는 눈구경. 햇살이 좋은 날 꽃과 단풍 등을 보며 산책을 하면 기분도 좋은 데다 경치가 좋아 대화가 잘 되는 것 같습니다. 대화의 주제는 제가 살아오면서 깨닫고 배운 내용들, 그리고 멘티의 학교생활, 장래희망과 같은 이야기입니다." -멘토 M

산책을 할 때는 대화도 술술 잘 나오는 것 같습니다. 우리 사이에 허심탄회한 대화가 필요하다고 느끼신다면 산책을 계획해 보는 것이 좋을 것입니다. 하지만 산책 중에 침묵이 흐르더라도 괜찮습니다. 내 옆에 있는 멘토와 멘티가 공기처럼 편안하면서도 꼭 필요한 존재라면 벌써 성공한 멘토링 아닐까요?

16.카페 탐방

_____년 ____월____일 (   )요일 / _____번째 만남 (매칭 후_____일째)

▶우리들의 아지트(카페이름)

▶오늘의 메뉴
☑멘토 :
☑멘티 :
☑간식 :
▶이 카페에서의 추억 (번째 방문)

· ·

분위기 : ☆ ☆ ☆ ☆ ☆
음 료 : ☆ ☆ ☆ ☆ ☆
간 식 : ☆ ☆ ☆ ☆ ☆
서비스 : ☆ ☆ ☆ ☆ ☆

재방문 의사(   )

우리의 check point (놓치지 않고 싶은 한 가지!)

오늘은

앞으로는

차 한 잔 할까?

대한민국만큼 구석구석 카페가 많이 있는 곳도 없을 듯합니다. 동네에 수많은 카페들 중에 멘토&멘티가 같이 갈 수 있는 카페를 한번 찾아보세요. 멘토와 멘토의 마음을 동시에 흡족하게 해 주는 카페가 있다면, 두 사람만의 아지트로 정해도 좋습니다. 카페에서 멍 때리기, 책 읽기, 스마트폰 게임하기, 유튜브 보기 등 다양한 활동이 가능합니다. 맛있는 것도 있고, 인터넷 잘되고, 냉난방도 완벽하고, 가깝고, 필요에 따라 화장실도 가고 충전도 할 수 있는 카페야 말고 멘토링에 최적화된 장소인것 같습니다.

"제 멘티는 달달한 카라멜마끼야또를 좋아합니다. 가끔 카페에 가면 저는 카페라떼, 멘티는 카라멜마끼야또를 시키고 두런두런 대화를 나눕니다. 특히 덥거나 추운 여름과 겨울에 시간을 보내기 좋은 장소인 것 같습니다."-멘토 N

"멘티와 가장 많이 만나는 곳 중 하나가 카페입니다. 카페에서 공부하고 책을 읽기도 하고 그냥 음료와 케익을 먹고 담소를 나누기도 합니다. 카페에서 만나는 이유 중 하나가 집 근처에서 장소를 선택하기 쉽기도 하고 카페 오는 것을 멘티가 좋아하기에 자주 만나게 됩니다. 초반에는 새로운 카페를 함께 가보고 싶어서 먼 곳의 카페투어를 해보려 했는데, 저만큼이나 멀리 가는 것을 멘티가 좋아하지 않는 듯했습니다. 아무래도 학생이다 보니 집 근처의 카페만 가도 꽤 좋아하는 듯합니다. 멘티가 좀 더 크면 카페 투어를 좀 더 먼 곳으로 해보고 싶네요."-멘토 O

카페 방문은 메인 프로그램이 아닌 그냥 일상처럼, 모든 만남의 한 순서처럼 되어 있기도 할 것입니다. 그래서 이 회차를 진행할 때는 특별한 카페를 찾아 멀리 이동하는 것도 한 방법입니다.

멘토링 초기에 대화가 끊기면 어색한 관계라면 더욱 특별한 카페를 찾아 나서야겠지요?

카페에서 먹는 음료나 머무는 시간 등은 계절의 영향을 많이 받습니다. 아이스 음료를 먹다가 따뜻한 음료를 찾게 되고 테이크 아웃하여 들고 다니며 먹다가 카페 안에 들어오면 다시 나가기 싫은 계절이 오기도 하죠. 일상적인 카페 이용이지만 시간의 흐름에 따라 간단한 기록을 남겨 본다면 멘토 멘티 간의 쌓인 추억을 가늠해 볼 수 있는 좋은 소재가 되기도 합니다.

카페를 자주 간다면 쿠폰을 모아 무료 음료를 먹는 재미도 빼놓을수 없죠. 무료 음료 쿠폰은 꼭 멘토와 멘티가 함께 있을 때 사용하도록 약속해요~

멘토링 단계론

- <u>1단계_ 신뢰 구축기</u> : 21회까지는 멘토와 멘티가 신뢰를 구축하는 시기가 아닐까 생각이 됩니다. 초기에 서로 간에 신뢰가 구축이 되면 그 이후의 활동들은 많은 것을 하지 않아도 맛난 것을 먹지 않아도 지속적인 멘토링이 이루어지는 것 같습니다.

- <u>2단계_ 안정기</u> : 멘토와 멘티가 초기 활동으로 신뢰가 구축이 되면 이제는 친구가 되는 것 같습니다. 멘티가 멘토선생님을 어려워하지 않기 때문에 친구처럼 다양한 주제로 많은 대화를 나누게 됩니다. 그리고 먹고 싶은 것, 하고 싶은 것이 있으면 멘토선생님에게 요구를 하기도 합니다. 성격이 밝은 멘티는 먼저 연락해서 빨리 만나자고, 만나면 무엇을 하자고 제안을 합니다. 그렇게 즐거운 멘토링을 하게 되며 아울러 멘토는 멘티가 초등학생에서 중학생으로, 중학생에서 고등학생으로 성장함에 따라 바르게 성장하는데 도움이 되기 위하여 관련된 활동과 조언도 하게 됩니다.

- <u>3단계_ 권태기</u> : 멘티가 초등학교 또는 중학교 때 만나 고등학교를 졸업할 때까지 짧으면 4년, 길면 11년 이상 멘토링을 하게 되면 시간이 지남에 따라 서로 익숙해지고 익숙함에 따라 권태기도 오는 것 같습니다. 멘토가 갖는 권태기는 '내가 과연 멘티에게 도움이 되고 있는가?' 하는 의문을 갖는 경우가 많습니다. 저 또한 그랬습니다. 멘티와의 만남이 일상화되면서 저도 스스로에게 위와 같은 질문을 하게 되었습니다. 그때 저는 어렵고 힘들었던 저의 어린 시절을 떠 올렸습니다. 가난한 집에서 아버지에게 맞고 자라던 시절에 제 곁에 있어 주었던 단 한 사람, 주인집의 저 보다 세 살 많은 형은 저의 멘토 아닌 멘토였던 것 같습니다. 울적한 마음에 방 문을 두드리면 항상 밝은 목소리로 저를 맞이해 주었습니다. 맛난 것을 사 준 기억도 없고 좋은 곳으로 데려간 기억도 없

었지만 마음은 편했습니다. 그리고 진정한 멘토링은 무언가를 많이 해 주어야 하는 것이 아니라 나를 바라봐 주고 옆에 있어 주고 밝은 얼굴로 바라봐 주는 것! 많은 말을 하지 않아도 되고 그저 듣고만 있어도 되는 것! 이러한 것들을 깨달으며 멘토도 성숙해지고 멘티가 어릴 때는 연락도 잘 안되고 할 때고 있지만 나이가 들어가면서 멘토선생님의 필요성을 더 인식하게 되는 것 같습니다. 멘토선생님들도 멘토링 중에 다양한 어려움을 겪게 됩니다. 그러한 어려움이 생길 때 러빙 핸즈 본부의 도움을 받거나, 멘토정기모임 같은 활동에서 다른 멘토선생님의 사례 또는 조언을 들으며 어려움을 해소하기도 합니다.

- **4단계** 종료 : 멘티가 고등학교를 졸업하면서 멘토링 또한 졸업을 합니다. 긴 시간 동안의 인연을 마무리하며 한편으로는 섭섭하고 한편으로는 잘 마무리했다는 안도감, 해방감을 느끼기도 합니다. 인연을 맺은 멘티가 어른이 되어서도 잘 살아가기를… 이 사회에 보탬이 되는 사람이 되어 주기를… 비록 많이 갖지 못하더라도 욕심 없이 언제나 행복을 추구하며 살아가기를 기도합니다! 하나의 끝은 또 다른 시작을 의미합니다. 즉 다시 어린 멘티를 만나게 되는 것입니다. 그 긴 시간 동안의 여정을 다시 시작해야 합니다. (김외규 선생님)

저의 4년간 멘토링을 단계로 나눈 다면 선생님과 학생의 느낌이 들었던 단계가 2년 정도였고, 그 후 2년은 (러빙핸즈가 멘토링을 통해 추구하는) 어른 친구가 되어서 지나온 것 같습니다. 우리 멘티는 멘토와 멘티들이 전체적으로 모여서 진행하는 행사나 야외활동에는 참여를 원치 않아서 서로 급격히 가까워질 '기회'를 만드는 것이 쉽지 않았습니다. 그러던 차에 코로나 때문에 전체가 모이는 야외활동을 대신 개별적인 야외활동을 러빙핸즈에서 지원해 주어서 번지점프와 페인트탄 서바이벌을 한 달 간격으로 다녀온 것이 계기가 되었던 것 같습니다. 하지만 그런 활동을 미리 했으면 더 빨리 친해졌을 거라는 생각은 하지 않습니다. 그때 우리가 함께한 시간이 이미 2년이 쌓여 있었기 때문에 그런 활동들을 통해서 보다 친밀한 단계로 나아갈 수 있었다고 생각합니다. 처음에는 무엇이든 당연하게 혹은 서먹해서 받기만 했던 멘티였다면 지금은 짐이 있으면 같이 들려고 하고 간식을 먹을 때도 멘티의 챙김을 제가 받기도 합니다. 멘티와 저는 함께하는 방탈출 카페 가는 것을 좋아합니다. 제가 거기서 느끼는 희열은 멘티가 못하는걸 내가 해내고, 내가 못하는 것을 멘티가 해결했을 때 함께여서 해낼 수 있었다는 마음에서 오는 희열입니다. 어떤 날은 제가 어이없이 쉬운 문제를 풀지 못해 괜스레 의기소침해 있을 때 멘티가 위로해 주는 경험을 하기도 했습니다. 그렇게 우리는 진짜 친구가 되어가고 있는 것 같습니다. (김승준 선생님)

PART.4

러빙핸즈를 활용한 만남

21번
어른친구
멘토링

17.초록리본 도서관 방문하기

_____년 ____월____일 (   )요일 / _____번째 만남 (매칭 후_____일째)

〈가기 전〉

►방문 하려는 곳 : 초록리본 도서관
►위치/가는 길: 홍대 앞
►할 수 있는 활동:

〈다녀 와서〉
►실제로 방문해 보니 어땠는지?

►다시 방문 하면 하고 싶은 활동

우리의 check point (놓치지 않고 싶은 한 가지!)

오늘은

앞으로는

멘토, 멘티들을 위해 만들어진 공간

홍대에 위치하고 있는 러빙핸즈 1018 대안공간 초록리본 도서관은 바로 러빙핸즈 멘티들이 작은 도서관의 회원이 되어 누릴 수 있는 공간입니다. 웹툰, 만화책 등 다양한 책이 4천 권 구비되어 있고요, 다양한 보드게임을 즐길 수 있습니다. 초록리본도서관의 마스코트 고양이인 초록이를 만날 수도 있습니다.

초록리본도서관의 존재는 러빙핸즈 멘토링 사업 진행에 큰 도움이 되었습니다. 언제든지 우리가 갈만한 공간이 있다는 것, 그곳에 가면 반겨주는 이들이 있고 함께할 수 있는 '꺼리'들이 있다는 것은 큰 의미가 있습니다. 그래서 러빙핸즈는 지역에 사무실을 만들 때 가급적이면 초록리본도서관을 같이 설치하고자 노력합니다. 사정상 초록리본도서관을 함께할 수 없는 지부의 경우는 러빙핸즈 지부 사무실 한 편을 그런 역할을 하는 공간으로 만듭니다.

이렇게 공들여 만들어진 초록리본 도서관을 최대한 활용해 주세요 초록리본도서관의 주인은 멘토와 멘티들입니다.

"집이 수원이라 멀어서 특별한 일이 있지 않으면 초록리본도서관은 방문을 하지 않았습니다. 집에서 출발해서 수원역에서 합류하여 도서관 도착하면 거의 2시간, 왕복 4시간 정도 소요가 됩니다. 특별한 행사가 있을 때만 참여를 했고 시간이 많이 걸리므로 도서관에서 느긋하게 시간을 보내지도 못했습니다. 대신 이동하는 지하철 안에서 많은 이야기를 나누었습니다."-멘토 P

초록리본도서관
페이스북바로가기

18.보드게임 프로그램 참여하기

_____년 ___월___일 (   )요일 / _____번째 만남 (매칭 후_____일째)

▶함께 할 사람들

▶오늘의 게임 스케줄(얼마든지 변경가능)
☑몸풀기 게임 :

☑본격 게임 :

☑앵콜 게임 :

▶한 줄 평

우리의 check point (놓치지 않고 싶은 한 가지!)

오늘은

앞으로는

정정당당 승부의 세계

초록리본도서관의 대표 프로그램은 보드게임입니다. 멘토 선생님이나 또래 친구들과 함께 자연스럽게 친해지고 우정을 키워나갈 수 있는 아주 좋은 놀이입니다. 보드게임의 가장 큰 장점 중 하나는 나이 상관없이 어른이든 아이든 동등한 플레이어가 되어 승부를 가릴 수 있다는 점입니다. 어른이니까 봐준다 이런 거 없이 동등한 입장에서 같이 즐겁게 놀 수 있다는 점이 아주 좋습니다.

보드게임의 종류에 따라 둘이 할 수 있는 게임도 있지만 여러 사람이 같이 해야 되는 게임도 있습니다. 굳이 둘이 해도 되지만 여러 사람이 해야 흥미진진해지는 게임도 있습니다. 그래서 시간이 된다면 정기적으로 열리는 초록리본 도서관 보드게임 프로그램에 참여하거나 다른 멘토, 멘티 커플과 시간을 맞춰 함께 모여 게임을 즐기는 것이 가장 좋습니다.

"멘티와 세 번 정도 보드게임에 참여했습니다. 또래의 다른 멘티와 함께 있을 때, 목소리가 우렁차게 나오는 새로운 모습과 전투력을 보았습니다. 티격태격하면서 그 친구와 놀았는데, 중간에 중재를 해야 하나 말아야 하나 고민이 들정도로(?) 자연스러운 평소 모습을 볼 수 있었습니다. 함께 편이 되었다가 따로 또 각자 게임을 하면서 서로 어떻게 게임하는지 이해되지 않는 부분을 알려주기도 하고 배우기도 했습니다."-멘토 Q

우리들은 모두 승부욕을 가지고 있습니다. 멘토 선생님께 보여주지 않고 감춰두었던 승부욕을 드러나게 하는 것이 보드 게임이 될 수 있습니다.
(초록리본도서관이 없는 경우는 러빙핸즈 지부 사무실에서 가능합니다.)

* 보드게임 '알못' 멘토선생님을 위한 입문게임 추천

신나는 분위기 업 게임

도블	2~4명	쉬움	10분 이내
5초준다	3~6명	쉬움	15분 이내
할리갈리	2~7명	쉬움	15분 이내

본격 대결 게임

부루마블	2~4명	쉬움	90분 전후
차오차오	2~5명	쉬움	30분 이내
뱅	5명	보통	40분 이내

19.컬러링(feat.원은희작가)

_____년 ___월____일 (   )요일 / _____번째 만남 (매칭 후_____일째)

계절풍이 부는 날

50F 116.7912
Mixed media on canvas

유적으로 읽는 로마문명을
읽었다.
'로마의 관문 오스티아항에서 이집트 알렉산드리아항까지는 40일이 걸렸지만 '계절풍'을 만나면 10일만에 닿았다'
계절풍,언젠가 학교에서 지리시간에 공부했던 적이 있었지. 오래도록 나는 이 단어를 생각해본 적도 없었을 뿐더러
이토록 설레고 떨리는 말이라는 것을 미처 몰랐다.
아, 우리의 삶에도 계절풍이 불어준다면 얼마나 좋을까?
계절풍이 불어주어서 우리의 삶이 풀리지 않는 숙제가 아니라 찬란함을 품은 신비로 바뀔 수 있다면 얼마나 좋을까?
내가 너에게 계절풍이 되고 너는 나에게 계절풍이 되어준다면!
아, 계절풍이 부는 날!
당장 오늘

▌ 언젠가 나에게 '계절풍'이 되어준 사람을 생각하고 있나요?
▌ 나는 누구에게 '계절풍'이 되어주고 싶은가요?

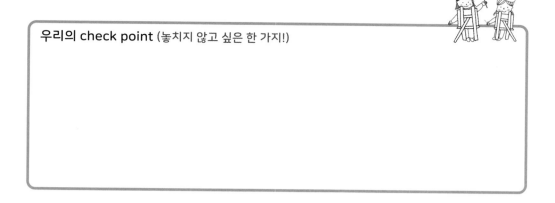

우리의 check point (놓치지 않고 싶은 한 가지!)

오늘은

앞으로는

유명화가님과의콜라보작업

러빙핸즈의 홍보대사 중 한 분이신 원은희 작가님은 이 분야에 꽤 이름이 알려진 화가이십니다. 작가님께서 러빙핸즈 멘토링 활동을 위해 본인의 그림을 사용할 수 있도록 허락해 주신 그림이 있습니다. 초록리본도서관에 전시되어 있는 그림이기도 합니다. 이번 회차에는 그 그림을 활용하여 색칠하기를 합니다. 최근에 서점에서 많이 만날 수 있는 컬러링북을 구입해서 같이 색칠하기도 가능하지만 러빙핸즈를 위해 허락된 유명화가님의 작품을 가지고 활동한다는 점에서 의미가 있습니다. 멘토와 멘티 모두 멘토링에 대한 자부심이 느낄 수 있을 것입니다. 그리고 작가님의 작품을 색칠하면서 작가님과 함께 작업하는 것 같은 친밀함을 느낄 수도 있고 같은 그림이지만 다른 작품이 나오는 독특한 경험을 해볼 수도 있습니다. 색칠하기를 좋아하는 친구라면 꾸준하게 색칠해서 끝까지 완성할 수도 있습니다.

"멘티의 일정으로 참여를 못했지만, 작가님의 그림을 보고 함께 이야기도 나누고, 특히 심리상담과 미술 치료에 관심이 있는 멘티가 새로운 안목을 얻을 수 있는 시간이었을 듯합니다. 저도 그림실력을 없지만 멘티와 함께 그림을 그려보는 시간을 가지면 좋을 듯하고 다시 기회가 된다면 참여하고 싶습니다."-멘토 R

20.멘토링센터에서 1박2일 보내기

_____년 ___월____일 (   )요일 / _____번째 만남 (매칭 후_____일째)

➤함께 할 사람들

➤1박2일스케줄(얼마든지 변경가능)

➤준비사항(담당자)

☑ _____(   ):

☑ _____(   ):

☑ _____(   ):

☑ _____(   ):

☑ _____(   ):

➤한 줄 평

우리의 check point (놓치지 않고 싶은 한 가지!)

오늘은

앞으로는

가평에서 1박 2일

가평에 위치하고 있는 가평 러빙핸즈멘토링센터에서 1박 2일 활동을 합니다. 가능한 다른 멘토&멘티 팀과 협의해서 소그룹 활동을 해보기를 권합니다. 자연을 충분히 누리는 시간을 통해 멘티와 멘토가 서로 더 친밀해지는 경험이 될 것입니다.

경기도 가평군 북면에 위치한 러빙핸즈멘토링센터는 2019년 5월 18일 러빙핸즈멘티들을 위해 개소하였습니다. 멘티와 멘토가 쉼을 누릴 수 있는 고향과 같은 공간으로 멘티와 멘토들을 위한 교육과 프로그램을 제공합니다. 혹시 임시보호가 필요한 청소년이 있을 때 보호공간으로도 사용합니다.

"다른 멘토/멘티와 1박 2일 가평멘토링센터에서 한번 시간을 보냈습니다. 여름이었는데, 옆 개울에서 수영도 하고 삼겹살 파티 그리고 밤에는 카드게임으로 재미있는 시간을 보냈고, 백미는 돌아오는 길에 센터 근처에서 사륜오토바이를 탄 것이었습니다. 다양한 프로그램으로 1박 2일을 함께 보

내서 매우 좋았습니다."-멘토 S

"멘티에게 가평 1박 2일 여행을 가자고 했더니 좋다고 하였습니다. 여러 멘토,멘티들이 함께 가평멘토링센터에서 시간을 보내면서 멘티도 친구를 만날 수 있는 좋은 시간인 듯합니다. 공기 좋고 경치도 좋은 멘토링 센터에 일정을 잡고 가보려 합니다."-멘토 T

21.스물한 번째 만남 축하파티

_____년___월___일 (   )요일 / _____번째 만남 (매칭 후_____일째)

♪파티 실행 계획서♬

작성자 : 멘토 _____

D-DAY :   년   월   일

참석자:

장소 :

파티장소 어떻게 꾸밀것인가?

분위기 UP을 위한 작전

감동 포인트는?

선물/간식/식사는?

러빙핸즈에 요청할 사항

우리의 check point (놓치지 않고 싶은 한 가지!)

오늘은

앞으로는

러빙핸즈멘토링에서 멘토에게 첫 번째 관문이 멘토양성과정과 멘토 멘티 매칭이라면 두 번째 관문은 초기 21회 차까지의 만남입니다. 초기 21회기의 만남이 진행되고 나면(모든 일엔 예외가 있을 수 있으나) 이제 멘티는 멘토의 존재를 일상가운데 명확하게 의식하게 됩니다. 러빙핸즈는 이때를 기념해 초록리본도서관에서 파티를 열 수 있도록 지원하고 있습니다. 기관 /단체에서 준비해 줄 수 있는 상황이 아니더라도 두 사람의 추억이 담긴 곳이나 한 번도 못 가본 특별한 곳에서 간단히 파티용품과 케익을 준비해서 진행해도 됩니다. 멘토 선생님들은 21번째 만남 축하파티의 기억을 다음과 같이 말씀하십니다.

> "21번째 만남에 여러 멘토 멘티가 초록리본도서관에 모여 함께 식사도 하고 보드게임도 즐겼습니다. 21번째 꾸준히 함께 만났다는 생각에 서로 놀라고 뿌듯해하기도 했고 기관에서 우리들의 만남 횟수에 따라 기념해 주시고 따뜻하게 축하도 해주시니 앞으로 더 꾸준히 잘 만나야겠다고 서로 이야기하는 시간이었습니다."-멘토 U

멘토와 멘티가 단 둘이 만나서 오붓한 시간을 가져도 좋을 것이고 비슷한 시기 매칭된 멘토 멘티들이 여럿 모여 들썩들썩 한 파티분위기를 제대로 내는 것도 좋을 것입니다. 멘토, 멘티의 성향과 전반적인 상황에 대해 기관에 문의해 보시고 여건에 따라 참여 인원과 날짜를 정합니다.

가장 중요한 것 중의 하나가 장소일 텐데요. 여럿이 모인다면 기관에서 제공해 줄 수 있는 장소를 활용하는 것이 여러모로 편리합니다. 하지만 멘토 멘티 단둘의 만남일 때는 너무 크거나 공식적인 장소는 부담스럽죠. 둘만의 장소라면 무언가 과하게 꾸미지 않으면서도 특별한 느낌을 가질 수 있는 식당이나 카페가 좋을 것입니다.

그래도 특별한 날이니까 어느 정도의 순서는 있어야 기억에 오래 남을 것입니다. 성공적인 파티는 대게 -(분위기, 음식 등으로) 행복한 마음을 가진다. (사진, 영상 등으로) 지금 함께하고 있는 사람의 소중함을 느낀다. 계획과 약속으로 다가올 날에 대한 기대와 여운을 남긴다. -와 같은 순서를 따릅니다. 그렇기 때문에 분위기를 up 시키기 위한 필살기와 눈물이 글썽이게 할 감동 포인트는 필수 요소입니다. 그래서 이런 요소들을 잘 준비하는 것이 좋긴 하지만 좋은 생각이 안 떠오른다고 너무 괴로워하거나 파티를 망칠까 너무 불안해하진 마세요. 그동안 스무 번의 만남이 의미 있는 파티를 위한 충분한 준비가 이미 되었으니까요.

멘토 인터뷰 – 21번 만남을 돌아보며 셀프 인터뷰를 해보세요.

21번 어른친구 멘토링